JN217871

図解 思わずだれかに話したくなる

身近にあふれる「心理学」が3時間でわかる本

著 内藤 誼人

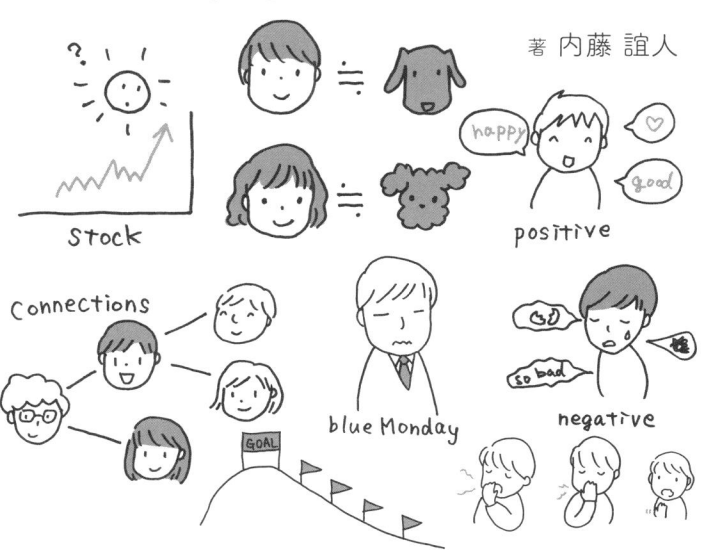

はじめに

　「私、心理学を学びたいんです」

　「僕は、心理学に興味があります」

　という人は、驚くほど多いのではないでしょうか。

　実際に、私はこれまでに何度もそういう人に出会ってきました。本書を手にとってくださったみなさんも、多少は興味があるから手にとられたのですよね。

　さて、一口に「心理学」といっても、その裾野は信じられないくらいに広いのです。なかには、「えっ！？これも心理学！？」という領域もあります。

　同じく「心理学者」を名乗っていても、専門が少し違えば、まったくお互いのやっていることがわからない、ということもザラにあります。それだけ広大な領域をカバーしているのが心理学という学問なのです。

　一般に心理学というと、人の心を読んだり、相手のウソを見抜いたりする学問だと思われがちです。

　たしかに、そういうことを研究している人もいらっしゃいますが、心理学という学問分野からすれば、ごくごく一部にすぎません。その他大勢の心理学者たちは、まったく違うことをやっています。

それだけ広大な心理学の領域を、とても一冊でご紹介していくことはできないのですが、できるだけ私たちの身近な日常に関係する事例を集めて、わかりやすく心理学という学問の面白さや、奥深さを読者にお伝えしていくのが本書です。

　だれでも気軽に読めて、それでいて、「なるほど、こんなことも心理学で説明できるのか！」と驚いてもらうことが、本書の目的になります。

　よく勘違いされるので前もってお断りしておきますが、心理学は、占いではありません。血液型占いや動物占いとは、まったく何の関係もありません。ですので、そういうものを期待している読者は、本書を読まないほうがいいでしょう。

　また、「メンタリズム」も、心理学とまったく関係がありません。あれは、ただの手品です。ですので、本書でも取り上げることはしませんでした。

　本書で取り上げるのは、あくまで学問的な裏づけのあるお話だけです。

　本書ではできるだけ広範な領域の心理学をご紹介していきたかったのですが、紙面の関係もあって、どうしても絞り込みをおこなわざるを得ませんでした。

　そうはいっても、ビジネス心理学、対人心理学、環境心理学、健康心理学、スポーツ心理学、政治心理学、消費者心理学、組織心理学などなど、バラエティに富んだ領域の心理学からネタを集

めたつもりです。

　本書をきっかけにして、心理学という学問に少しでも興味を持っていただけるのであれば、著者としてこれほど嬉しいことはありません。

　どうか、最後までよろしくお付き合いください。

内藤 誼人

はじめに　　　003

第1章　『家族・恋愛』の心理学

01 「ケンカをするほど仲がいい」はどの程度正しいの？　　014

02 長年連れ添った夫婦はなぜ顔が似てくるの？　　017

03 ペットと飼い主の顔が似ているは気のせいではない？　　020

04 「頭がいい」と思うだけで子どもは勉強するようになる？　　023

05 美女と野獣のようなカップルはどうして生まれるの？　　026

06 恋愛は近距離より遠距離のほうがうまくいく？　　029

07 男の人が若い女性を好むのは世界共通だった？　　032

08 親しみを感じる人には共通点がある？　　035

09 恋愛の相手は近くに住む人から探すと見つけやすい？　　038

第2章 『やる気・ストレス』の心理学

10 新しい習慣を身につけるのに必要な期間は2週間? 042

11 大きすぎる夢や目標を実現するにはコツがある? 045

12 失敗を経験したほうがうまくいくよりずっといい? 048

13 人のやる気を引き出すにはごほうびが必要? 051

14 「何でもやってあげる」と人は無気力になってしまう? 054

15 「ながら学習」はなぜ効率が悪い? 057

16 ストレスを上手に受け流す心理テクニックがある? 060

17 「ストレス耐性」を身につけたい人は今すぐ運動をするべき? 063

18 嫌なことを一瞬でポジティブに変える方法がある? 066

19 「とりあえず笑ってみる」に効果はあるの? 069

第3章 『街中』の心理学

20 なぜ絶叫マシンやお化け屋敷はいつも人気なの? 072

21 「混雑感」はいつまでも残ってイライラさせる? 075

22 渋滞で隣のレーンが早く進むように感じるはなぜ? 078

23 真ん中の席で落ち着けないときはどうしたらいい? 081

24 犯罪が起きやすい / 起きにくい場所は決まっている? 084

25 なぜ「隣の芝生は青く見える」の? 087

26 オシャレをしても結局だれも見ていない? 090

27 なぜ都会の人は田舎の人にくらべて不親切なの? 093

28 いい香りがあれば人は親切になる? 096

29 「あくび」の感染力が笑顔の2倍もあるのはなぜ? 098

第4章　『お金・買い物』の心理学

30　株は晴れた日に上昇する?　102

31　ファストフード店のそばに住むと貯蓄ができない?　105

32　衝動買いを減らすにはコツがいる?　108

33　「つぶやき」を見ればお金持ちになれるかわかる?　111

34　品ぞろえは少ないほうが気楽に買い物してしまう?　114

35　怪しげな広告で紹介されている商品は効果があるの?　117

36　人は価格でも品質でも「真ん中」のものを好む?　120

37　「ダイエット・フード」はいくら食べても満腹にならない?　123

38　「見てはいけない」「やってはいけない」は逆効果?　126

第5章 『メディア・よのなか』の心理学

39 「新聞は読まない / ニュースは見ない」が正解? 130

40 なぜ事件の報道後に似たような犯罪が増えるの? 133

41 「不都合な真実」は正直に認めたほうが面倒がない? 136

42 戦争が起きてしまう心理メカニズムとは? 139

43 メディアに出てくるすごい人との比較は禁物? 142

44 スポーツの勝敗はウェアの色にかかっている? 144

45 なぜ銀メダリストより銅メダリストのほうが幸せそうなの? 147

46 マナー向上には「みんながやっている」を訴えるのがコツ? 150

47 臓器提供者が増えないのはドナー登録のやり方のせい? 153

48 選挙の当落は候補者の「顔」で決まる? 156

49 「国民性」って本当にあるの? 159

第6章 『仕事・職場』の心理学

50 バインダーの重さひとつで人の決断は変わる？　164

51 「ブルーマンデー」なんて存在しない？　167

52 仕事は心配性な人ほどうまくいく？　170

53 「コネ作り」に積極的な人ほど出世する？　173

54 仕事を速くしたければ「立ったまま」の決断がいい？　176

55 会議のリーダーは「座席」で決まる？　179

56 相手にとって悪い報せは口頭で伝えると嫌われる？　182

57 クールビズでもネクタイを締めたほうが軽く扱われない？　185

58 「ギブ・アンド・テイク」より
　　「ギブ・ギブ・ギブ」が成功の秘訣？　188

59 伝票にイラストを描くだけでファンも売上も増える？　191

60 会社名を見ただけで業績が予測できる？　194

おわりに　197
参考文献　200

カバーデザイン / 挿画　　末吉喜美
本文挿画　　　　　　ケイーゴ・K

第1章
『家族・恋愛』の心理学

01 「ケンカをするほど仲がいい」は どの程度正しいの？

> はたから見ると、「ケンカばかりしているなら別れればいいのに」と思えるような2人がいますよね。こうした2人はなぜ破局せずに、関係を修復できるでしょうか。

◎ 研究によると、俗説は正しい

俗に、「ケンカをするほど仲がいい」といわれています。

この俗説は心理学的にいうと、どうなのでしょうか。真実のようにも思えますし、ウソのようにも思えますが、本当のところは、どうなのでしょう。

いくつかの研究から判断すると、この俗説は「本当」だといえるようです。

◎ 「中程度のケンカ」がポイント

テキサス大学のリサ・ネフは、結婚して6か月以内の新婚夫婦61組を、2年半に渡って調査させてもらいました。

その結果、**結婚後の数か月以内に、中程度のケンカをし、それを乗り越えた夫婦は、その後、仲良く暮らしていける**ことが判明しました。

ケンカをし、仲直りをする、という一連のイベントを経験することで、その夫婦はケンカをどう乗り越えればいいのかを「学習」できるのです。ケンカをすることにも免疫がつきます。

　最初が幸せで、**まったくケンカをすることがないと、どうやって仲直りすればいいのかの学習ができません。** そのため、こういう夫婦のほうが破局を迎えやすくなるのだ、とネフは分析しています。

◎ 破局をする理由は「ケンカの免疫」がないから

　ケンカをして、そのまま破局を迎えてしまう夫婦もいるでしょうが、それはふだんから小さなケンカをしないまま、大きなケンカをするからです。

　小さなケンカであれば、仲直りするのもそんなに難しくありません。そしていったん仲直りをするやり方をお互いに学習できれば、その後、さらに大きなケンカをしたとしても、なんとか乗り切ることができるでしょう。

　これはちょうど、病気のワクチン接種に似ています。

　最初に、弱いばい菌を接種しておけば、身体に免疫がつきます。すると、さらに強いばい菌に対しても耐性がつくのです。

　夫婦のケンカもそうで、**小さなケンカを乗り越えておけば、大きなケンカのときにも、仲直りすることができる**というわけです。

◎ ケンカは有益？

　米国ベイラー大学の**キース・サンフォード**も、734 名の既婚者と同棲者を対象にした調査をおこなって、**「ケンカをすることは有益だ」**との結論を導いています。ただし、ケンカをするだけでなく、「仲直りをきちんとする」ことのほうが重要なのですが。

「ケンカをするのはよくないことだ」と思い込んで、自分のいいたいことも相手に伝えず、ずっと我慢している人がいるとしましょう。

　そういう夫婦は、表面的には何の問題もないように思われますが、我慢に我慢を重ねて、堪忍袋の緒が切れてしまったときに、どうにもなりません。

　小さなケンカで免疫をつけていないのに、いきなり大きなケンカになってしまうので、修復も不可能になってしまいます。

　夫婦でも、友人関係でもそうだと思うのですが、相手と仲良くやっていきたいのなら、**「どうでもいいようなこと」や「些細なこと」で、わざと軽くケンカしておくとよい**かもしれません。そこで免疫をつけておけば、大ゲンカをしてもけっこう何とかなりますから。

小さなケンカをすることで 「どうやって仲直りすればいいか」を学習できる

ケンカをするのはいいこと

軽いケンカをどんどんしよう

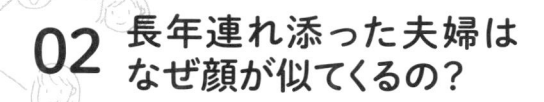

02 長年連れ添った夫婦は なぜ顔が似てくるの?

> 結婚して何十年も経った夫婦の顔を見ると、そっくりなことが多いものです。みなさんも不思議に思ったことはありませんか?　遺伝的なつながりはないのになぜなのでしょうか。

◎ 夫婦の顔が似ている不思議

子どもと違って、夫と妻には血のつながりがありません。ということは、遺伝的に顔が似ているということはないはずです。

にもかかわらず、長いあいだ、ずっと一緒に暮らしてきた夫婦は、お互いの顔や雰囲気が驚くほど似てきてしまう、ということはよくあるような気がします。

街中や公園を歩いている年配のご夫婦を見ると、「間違いなく夫婦だ！」と思えるくらい似ていると感じることは、少なくありません。

◎ 結婚当初はあまり似ていない

このことに疑問を持ったミシガン大学の**ロバート・ザイオンス**は、結婚してから 25 年以上連れ添った夫婦にお願いし、現在のお互いの写真と、25 年前の新婚時代の写真を持ってきてもらいました。

そして、それぞれの写真を 110 名の大学生に見せて、似ている度合いについて判定してもらったのです。

その結果、25年前の夫婦の顔はあまり似ていないと評価されたのに、現在の写真のほうでは「似ている」という判断がなされやすいことがわかりました。

結婚当初はお互いに違う顔をしているのに、25年も連れ添っていると、同じような顔になっていくのですから、夫婦というものはまことに面白いものです。

◎ 一緒にいると同じ感情を抱くことが多くなる

なぜ夫婦が似たような顔になっていくのかというと、**一緒に暮らしていれば、同じ感情を持つことが多く、同じ感情を抱けば、同じ表情をすることが多くなる**からです。

たとえば、いつでも冗談を言い合って笑っている夫婦は、笑顔を作るときに同じ表情筋を動かします。それを何年もくり返していると、お互いに笑顔を作ったときの顔立ちになっていくわけです。その結果、夫婦ともににこやかな顔になります。

反対に夫婦の仲が険悪ですと、やはりどちらも眉をしかめたり、やぶ睨みの表情をするので、長い年月をかけて、その表情が顔に貼りついていきます。すると、そういう夫婦は、どちらも険しい顔立ちになる、というわけです。

◎ 似た表情がお互いの雰囲気を近づける

私も結婚してちょうど20年くらいですが、妻とは顔が似ているといわれることが少なくありません。結婚してすぐの頃にくらべると、はるかに顔が似てきたと自分でも思います。その理由は、

妻と同じ表情をしていることが多いから、ということでしょう。

　夫婦の顔が似てくるのは、正確にいうと、目鼻立ちが似てくるということではありません。**同じ表情をすることによって顔の雰囲気が似てくる**ということなのです。結婚前には似ていない夫婦が、何年も一緒にいれば顔が似てきてしまうのも、同じ表情をしていることが多いからです。

　つまり私たちは、自分で思っている以上に、パートナーと同じような感情を抱き、同じような表情をしているということなのですね。

**血のつながりがないのに似ているのは
長年一緒にいると同じような感情を持つ機会が多いから**

似ているのは "目鼻立ち" ではなく "表情"

03 ペットと飼い主の顔が似ているのは 気のせいではない？

ペットを飼っているお宅は少なくないと思いますが、なんとなく、ペットと飼い主の顔は似ていると感じることはありませんか？　これはいったいどういうことなのでしょうか。

◎ ペットと飼い主の顔が似ている不思議

ワンちゃんを連れて散歩している人がいると、私はついそのワンちゃんと飼い主の顔を見くらべてしまいます。

すると、ワンちゃんの顔が、飼い主の顔とあまりにもよく似ていて、思わず吹き出してしまいそうになります。読者のみなさんには、そういう経験はありませんか。

長年連れ添った夫婦は、お互いの顔が似てきてしまいますが、家族の一員であるペットも、やはり飼い主の顔に似てくるものなのでしょうか。

◎ 純血種なら正答率は 6 割以上

カリフォルニア大学のマイケル・ロイは、45 名（男性 21 名、女性 24 名）の飼い主にお願いし、自分自身の写真とワンちゃんの写真を 1 枚ずつ持ってきてもらいました。

それぞれの写真を、すべて集めてごちゃまぜにしたものを別の判定員に見せて、飼い主とワンちゃんの組み合わせを正しくマッチングできるかどうかを試す、という実験をしてみたのです。

その結果、ワンちゃんが純血種の場合には、25 組中 16 組が正解でした。一致率は 64 ％です。非純血種の場合には、20 組中7 組が正解で、こちらの一致率は 35 ％でした。

このデータは、飼い犬が純血種に限っていえば、飼い主とワンちゃんの顔が似ている、ということを示しています。非純血種の場合には、それほどには似ていないといえます。

◎ 実はもともと似ている？

ただし、この実験をしたロイによると、飼い主とワンちゃんの顔は「似ている」とはいえるものの、ずっと一緒に暮らしているために「似てきた」とはいえないそうです。

ロイの解釈によると、飼い主は、**もともとペット選びの段階で自分の顔に似ているワンちゃんを無意識のうちに気に入り、それを選んでペットにするのだろう**、ということです。

つまり、もともと「似ている」というのです。

前項で紹介したように、夫婦の場合には、顔だちが徐々に「似てくる」という現象が起きるわけですが、ワンちゃんの場合には、もともと「似ていた」というのが事実らしいようですね。

◎「自分の顔が好き」な私たち

ところで私たちは、自分の顔が好きです。

いやいや、そんなのナルシストな人だけでしょ、といわれそうですが、実際はそうでもありません。ナルシストでなくとも、だれでも自分の顔が好きと思っているものなのです。

ですから、自分の顔に似ているワンちゃんのことも無意識に好きになります。そのため、そういうワンちゃんを自分のペットにするのでしょう。

　犬以外の生きものについても同じことがいえます。たとえば、魚のような顔をしている人は、やはり魚が好きになりますし、馬のような顔をしている人は、なぜか馬に愛情を感じやすい、ということがあります。周囲を見わたしてみて、思いあたることがあるのではないでしょうか。

　人間は、**自分でも気づかないうちに自分によく似た対象に心ひかれる**ものでして、それがペット選びや好みの動物にも反映されるというわけです。

ペットと飼い主の顔が似ているのは
そもそも自分によく似た顔のペットを選ぶから

私たちは自分の顔が好き！

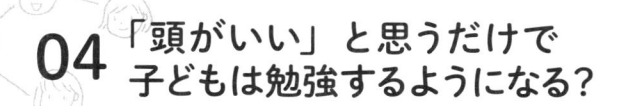

04 「頭がいい」と思うだけで 子どもは勉強するようになる?

> さっぱり勉強をせず、成績の悪い子どもに手を焼いている、という親御さんは少なくないかもしれません。そんなお子さんが率先して勉強するようになるかんたんな方法があります。

◎ 頭がいいと思うだけで勉強ができるようになる?

仮にいまは成績が悪い子どもでも、どんどん勉強するように働きかけることは可能です。何か特別な指導が必要かというと、そうしたことは不要です。

実は、先生が**「こいつは、すごく頭がいい」と思っていれば、その生徒は本当にどんどん勉強ができるようになっていく**のです。なんと、心の中でそう思っているだけで、生徒は伸びてしまいます。

心理学では、このような不思議な現象のことを**「ピグマリオン効果」**と呼んでいます。先生の期待どおりに、生徒は伸びていったり、逆に、ダメになったりしていくのです。

◎「思い」は思いのほか伝わる

ピグマリオンというのは、ギリシャ神話に出てくる王様の名前です。ピグマリオン王は、女性の石像に恋をしてしまい、ガラテアと名づけました。そして、何日も、何年もその石像に恋心を抱きつづけた結果、石像のガラテアは命を吹き込まれて人間の女性

になってしまったのです。こうしてピグマリオン王はガラテアと結婚することができた、というお話です。

　人間の思いというものは、相手にも伝わります。
　石像にだって伝わるのですから、生身の人間なら、なおさら伝わるということで、**期待通りの人間に相手が変わっていく現象をピグマリオン効果と呼ぶ**のです。

◎ ピグマリオン効果はよくも悪くも維持される

　オランダにあるフローニンゲン大学の**ヘスター・デボア**は、1万千人以上の生徒（平均12歳）を5年間追跡調査し、実際にピグマリオン効果が見られることを確認しています。
　たとえば、前任の先生が、「この生徒は伸びるだろう」という評価をつけて、次の担任の先生に引き継ぐと、その先生はこの子は伸びるという期待を持ちます。すると、その後、その子どもは本当に成績がよくなっていくのです。
　しかも、ピグマリオン効果は、5年経っても維持されました。**最初だけ伸びて、その後、また元に戻るようなことはなかった**のです。
　生徒に向かって、「お前たちはダメだ！」「お前たちはクズだ！」と言っていたら、本当にその生徒たちは悪くなっていくでしょう。
　逆に、どんな生徒に向かっても、「キミたちは大物になれるぞ」と声をかけてあげ、心の中で強烈にそう信じている先生に教えてもらえる生徒たちは、本当に大物になっていくはずです。

◎ 子どもは期待通りに振る舞う

学校だけではありません。

家庭においても、父親や母親が、**自分の子どもに対して「絶対に伸びる！」と信じていれば、その子どもは期待通りに伸びていってくれる**でしょう。「こいつは、モノになりそうもないな」と考えていたら、何をやってもダメな子どもに成長していくでしょう。

子どもというのは、自分がどんな期待をされているのかを敏感に感じ取ります。そして、相手の期待通りの振る舞いをするようになるのです。

親ならば、あるいは学校の先生ならば、子どもを伸ばすためにも大きな期待をかけてあげられるようになりたいものです。

ピグマリオン効果

「大丈夫、できるよ」
「絶対大物になるぞ」
「期待してるよ」

子どもは期待した通りに伸びていく

05 美女と野獣のようなカップルは どうして生まれるの？

> とても美しい女性のパートナーが、さえない見た目の男性と
> 一緒にいる、ということはわりとよくある話です。これは一
> 体どうしてなのでしょうか。

◎ 美女と野獣のような組み合わせになる理由

　街中を歩いていると、とても魅力的な女性が、なんだかさえな
い男性と一緒に連れ立っている場面を見かけたりします。こうい
う「美女と野獣」のような組み合わせを見ると、つい首をひねっ
てしまうかもしれません。

　けれども、**心理学的には、その女性のお父さんは、おそらくそ
の男性と似た感じの人なのだろうな**、という予想が立てられるの
です。

　私自身、大学時代の後輩の結婚式に呼ばれたとき、似たような
経験をしました。私の後輩は、お世辞にもイケメンとはいえない
（むしろブサイクな）男なのですが、新婦がとびきりの美女だった
のです。

　新郎側の私たちは、みな驚きましたが、新婦のお父さんを見て
「なるほど」と納得しました。新婦のお父さんは、私の後輩と、
顔だちも体型も身長も、そっくりだったのです。

　もちろん、この法則が100%当てはまるというわけではありま

せん。心理学の法則は、物理学の法則と違って、100％ということはめったになく、せいぜい 50％とか 60％くらいしか当たりませんから、例外もたくさんあります。

◎ 大半の女性は父親が好き？

カリフォルニア州立大学の**アラン・ミラー**は、32 名の女子大学生を集めて、7 人の男性の写真を見せ、「あなたにとって、恋人として望ましい人」を選んでもらいました。

次に、「あなたの父親と似ている男性の順番」にランキングをつけてもらいました。すると、32 人中 17 人が、父親にもっとも似ている人を恋人として望ましい人に選んでいたのです。8 人はまったく似ていない逆のタイプを恋人に選んでいました。残りの 7 人は真ん中でした。

だいたい 53％くらいの女性は、自分の父親に似ている人を好む、ということがいえると思います。面白いことに、父親が大嫌いでその正反対のタイプを選ぶ人も 25％いました。とはいえ、大半の女性は、父親が好きだ、といっていいでしょう。

◎ 父親と似た人と恋に落ちる理由

なぜ、女性は自分の父親と似た人と恋に落ちるのでしょうか。

その理由は、**父親の顔が、自分が小さな頃から「一番なじんだ男性の顔」**だからです。

女性にとっては、赤ちゃんの頃からずっと父親の顔を見ているわけで、父親の顔がもっとも親近感があります。ですから、父親

に似ている男性のほうが、自分にとってはもっとも慣れた顔であり、落ち着く顔なのです。

そういえば別の研究で、お父さんの結婚が遅くて、女性が生まれたときにはすでにある程度の年齢だったとすると、その女性は、「老けた顔」の男性を好んだ、という研究もあります。

あえて若い男性ではなく、老けた男性を選ぶ女性は、どうしてそちらを選ぶのか理解に苦しむ人がいるかもしれません。けれどもタネを明かせば非常に単純な話で、**老けた顔のほうがその女性にとっては見慣れている顔だから**なのです。

父親と似た人に恋をするのは
父親の顔が一番なじみがあるから

ま、53％くらいは正解ね

06 恋愛は近距離より遠距離のほうが うまくいく？

> 遠距離恋愛をしているカップルなら必ず考えることに「もっと（あるいは、ずっと）一緒にいたい」ということがあるでしょう。でも2人の関係は、今のままのほうが続くかもしれません。

◎ 遠距離のほうが危険性は低い？

お互いに遠く離れた場所に住みながらお付き合いすることを遠距離恋愛といいます。

遠距離恋愛をしているカップルは、お互いに、「いつでも一緒にいたい」と思うもの。

けれども、晴れて近くに住むことができてるようになったときこそ、実はもっとも危険なタイミングだということを忘れてはなりません。なぜなら、**遠距離恋愛が終わったときこそが、恋愛も終わりになる危険性がもっとも高くなる**からです。

◎ 3か月以内に3分の1が別れた？

「えっ!? 遠距離が終わったのなら、何も問題がなくなるはずでは？」と首をひねる読者の方もいらっしゃるでしょう。

なにせお互いに会うことができない時期のほうが、浮気をする可能性なども高く、破局を迎える危険性が高そうにも思えるものですからね。

ところが現実には、「遠距離が終わった直後」のほうが危ない

のです。

　オハイオ州立大学のローラ・スタフォードは、72名の遠距離恋愛をしている人について調べてみました。そのうちの半分の36名は、遠距離恋愛が終わって、また近くに住むことができるようになった人たちです。

　普通に考えれば、また近くに住むことができるようになったのですから、以前にもましてお互いの恋が盛り上がりそうなもの。

　しかし、現実にはそうなりませんでした。

　遠距離恋愛が終わったカップルのうち、3分の1は3か月以内に別れてしまったのです。

　なぜ、そんなことが起きたのでしょうか。その理由は、いくつかあります。

◎ 空想は相手を美化する

　遠距離恋愛中には、頻繁に会うことができません。頭の中で、相手のことを空想するだけです。しかし、ここに危険が潜んでいます。

　問題なのは、**頭の中で空想される相手が、どうしても「理想化」されやすい**ということです。勝手に「美化」されるのです。

　そのため、遠距離恋愛が終わって頻繁に会えるようになると、「あれ？　こんな人だったっけ？」と裏切られた気持ちになります。自分で勝手に理想化・美化していたくせに、現実のパートナーがそれとは違うと感じるので、恋心も急激に冷めてしまうというわけです。

◎ 遠距離のままのほうが幸せ？

実際に会っていれば、相手の嫌なところも目につくようになるでしょう。リアルな人間なのですから、嫌なところが少しくらいあっても当然です。

しかし遠距離恋愛中には、そういう相手の嫌なところが目につかずにすんでしまいます。それは遠距離恋愛のよいところともいえます。一方で、遠距離が終わると、とたんに相手の嫌なところが目に入りやすくなるのです。

スタフォードによると、「相手の嫌なところが目につく」と答えたのは遠距離恋愛中のグループでは 25％にすぎなかったのに、遠距離恋愛が終わったグループではこれが 61％に増えていました。

遠距離恋愛が終わって、「さあ、これでたくさん会うことができる！」というのは、実はそんなに喜ばしいことでもないのかもしれません。頻繁に会うことができず、お互いがお互いのことを美化し合っているときのほうが、かえって幸福である、ともいえるのです。

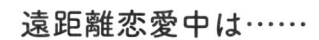

遠距離恋愛中は……

嫌なところが
目につきにくい

理想化（美化）
されやすい

07 男の人が若い女性を好むのは世界共通だった？

> 一般的に、男性は若い女性を好むもので、研究によるとこれは世界共通のこととされています。一方女性のほうは「年上の男性が好き」ということで一致しているようです。

◎ 未婚男性は平均6歳年下を好む？

男性に、好きな女の子の好みを尋ねると、だいたい自分の年齢よりも若い子を挙げるはずです。

最近でこそ、「年上女性」を好んだり、「熟女」を好んだりする人もいるようですが、圧倒的多数の男性は、若い女の子のほうを好むのではないでしょうか。

ドイツにあるマックス・プランク研究所の**カール・グラマー**は、コンピュータ・デート・サービスに登録している男性1590名、女性1048名についての調査をおこなって、未婚男性は、平均して6歳年下の女性を好むことを明らかにしました。既婚男性では、平均して10歳も年下の女性を好んでいました。

◎ 若い女性を好むのは普遍の真理？

なぜ、男性は若い子が好きなのでしょうか。

それにはいくつかの理由が考えられます。

一番もっともらしい理由は、**自分の子孫を残す可能性を高めるため**、というものです。

　若い女の子のほうが、年齢の高い女性にくらべて、健康で元気な赤ちゃんを産んでくれる可能性は高くなります。そのため、男性は無意識のうちに若い女の子を好むというのです。

　他の動物もそうで、オスに人気があるのは若いメスで、年を取ってくると、人気がなくなってきます。

　もうひとつの理由は、若い女の子を連れていると、**自分のステータスが高くなったように感じるから**、というものです。若い女の子を連れていれば、それだけ自分の価値が高くなったように感じられ、自尊心がくすぐられるわけです。

　お金持ちの男性は、まるでアクセサリーのように若い女の子を連れて歩いていることがありますが、あれは**自尊心を高めるため**にやっているのでしょう。

　ともあれ、男性が若い女の子を好むのは、普遍的な真理といっていいかもしれません。

◎ 男も女も好みは世界共通

　ミシガン大学のデビッド・バスは、世界 37 か国において、「好みの年齢」について尋ねてみたことがありました。サンプルは全世界で 4601 名の男性、5446 名の女性でした。

　その結果、**37 か国中 37 か国において（つまり全部の国で）、「男性は若い女の子を好む」**という結果が得られたそうです。

　しかし、ここがうまくバランスのとれているところだと思うのですが、やはり **37 か国中 37 か国において、女性は「年上の男性が好き」**とも答えていたのです。男性は若い子を求めて、女性

は年上の男性を求めているので、うまくつり合いがとれているともいえます。

　ただし、若い女の子が好きだからといって、女子高生や女子中学生に手を出そうとするのは絶対にやってはいけません。援助交際ですとか、サポート交際ですとか、いろいろ名前があるようですが、それはれっきとした犯罪になります。

男女の好みは世界共通

男性は年下の女性を好む

女性は年上の男性を好む

08 親しみを感じる人には共通点がある？

> 自分と似た名前の人に親しみを感じたり、自分の誕生日に関連した数字が好きな数字ということはないでしょうか。こうした「親しみの感じやすさ」にはルールがあるのです。

◎ 似た名前の人に好意を抱く？

私たちは、自分の名前に対して、もっとも親しみを感じますし、もっとも好感を抱いているものです。これを**「ネーム・レター効果」**といいます。

そのためでしょうか、**私たちが友人を選ぶときには、「自分と似た名前」の人を友人に選ぶ可能性が高くなる**のです。

たとえば、私の苗字は「内藤」ですが、「内村」とか「中村」とか、「佐藤」といった、自分と同じ漢字を使った人のほうが、「愛川」とか「渡辺」といった漢字を使った人より親近感があります。

名前でいいますと、私の名前は「誼人」なので、「岳人」とか、「正人」という人にも、やはり親近感や好印象を抱きやすいです。

◎ ひらがな、数字も

イースタン・ミシガン大学のマディ・シーゲルは、友人の選択には、本人の名前が密接に関連していると述べており、調査によって、44.6％が、自分の名前と似ている人をベストな友人として選んでいることを突き止めています。

「ジョーンズ」さんは、「ジェームズ」さんや「ジェイ」さんと友達になりやすい、といえるわけですね。

　京都大学の北山忍先生も、人は自分の名前を好むということを確認しています。

　45 のひらがなについて、ひとつずつ好き・嫌いを尋ねてみると、**自分の名前が入ったひらがなは、その他のひらがなにくらべて、はるかに「好き」** という回答が多くなっていたのです。

　私の場合、好きなひらがなは「な」「い」「と」「う」「よ」「し」「ひ」「と」ということになるわけですが、おそらく読者のみなさんも自分の名前の入ったひらがなが好きだと思います。

　また、北山先生は、**数字に関しても、自分の誕生日による好き嫌いの効果が見られる** ことも明らかにしています。

　私でいいますと、6 月 12 日生まれですので、「6」「12」という数字が、他の数字よりも好ましい印象を持つ数字ということになります。

◎ 名前が似ている人のほうが付き合いやすい？

　このルールを知っておくと、友人を作るときにちょっとだけ便利かもしれません。

　自分とよく似た名前を持つ人のほうが、**相手もみなさんに好意を抱きやすいと考えられます** から、そういう人と仲良くするように努めればいいのです。そのほうが、まったく名前が似ていない

人と付き合うよりも、困難さを感じないのではないかと思います。

　もちろん、名前は名前として、実際に会ってしゃべっているときの相性がよければ、まったく問題はありません。

　あくまでも雑学のひとつとして覚えておいていただければよいだろうと思います。

ネームレター効果

自分の名前や誕生日と関連があると親しみを感じる

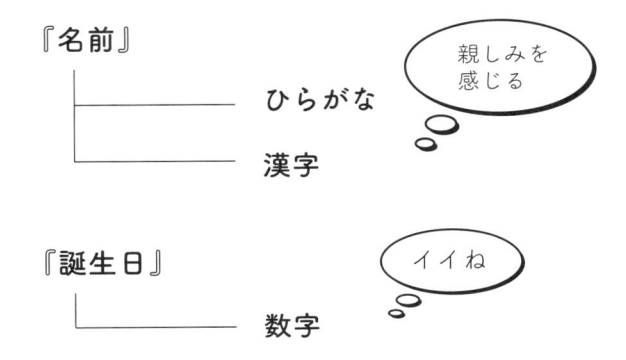

09 恋愛の相手は近くに住む人から探すと見つけやすい？

> 人によって親しみを感じたり、疎遠になってしまったり、私たちの感情はうつろいやすいもの。でもよく考えてみるとそれは「物理的な距離」に影響しているといえそうです。

◎ 私たちは近くにいる人を好む？

私たちが一番親しくお付き合いするのは、ご近所さんです。

学生時代の友人などともそれなりにお付き合いはするものの、お互いに遠く離れて住んでいると、やはりそんなに頻繁に会うこともできませんので、どうしても疎遠になりがちです。

その反面、近くに住んでいる人には好意を感じやすいという傾向があるのです。

◎ 心理的な距離を決めるもの

カリフォルニア大学のエビー・エビセンが、「あなたにとって一番好きな人は？」と尋ねてみると、約62％は、自分の近所に住んでいる人の名前を挙げました。遠く離れている人を挙げる人は、そんなに多くありませんでした。

会社でもそうで、仲良くお付き合いしている人は、同じフロアの、同じオフィスの、しかも自分のデスクの両隣か、その隣くらいで仕事をしている人なのではないでしょうか。違う部署の、違うフロアの人と、濃密なお付き合いをするということは、そんな

にないのではないかと思います。

私たちが相手に感じる「心理的距離」は、「物理的距離」によって決まるというわけです。

◎ 物理的な距離が影響する「ボッサードの法則」

私たちは、物理的に近くにいる人には好印象を抱きやすいですし、遠く離れた人にはどうしても疎遠さを感じてしまいます。

この現象に関連して、面白い恋愛法則があります。

それは、**近くに住んでいればいるほど、恋愛も結婚もしやすくなる**、という法則です。これは発見者の名前をとって、**「ボッサードの法則」**と呼ばれています。

ボッサードという心理学者が婚約中のカップル 5000 組を調べると、33％が、お互いに 5 ブロック以内の範囲に住んでいることが判明したというのです。5 ブロックというのは、電車やバスを使わなくとも、歩いて行ける距離。つまりは、ご近所さんになります。

◎ まずは物理的な距離を近づけてみる

かつての日本でも、たいてい同じ町内に住む人同士で結婚するものでした。そのほうが当たり前だったのです。

最近でこそ、遠く離れた人同士で結婚するのも珍しいことではなくなりましたし、国際結婚をする人もそれなりに増えているみたいですが、昔は、たいてい同じ町内に住む人同士で結婚してい

ました。

　近くに住んでいれば、顔を合わせる機会が増えますし、顔を合わせていれば、自然に恋に落ちるのでしょう。

　もし読者のみなさんに、親しくなりたいなと思う人がいるのでしたら、その人が住む近くにお引越しをするといいでしょう。

　冗談だと思われるかもしれませんが、同じ町内や、同じマンションで暮らしていれば、それなりに相手との接点も増えるでしょうし、そこから恋愛につながることは十分に考えられることだからです。

ボッサードの法則

近くに住んでいればいるほど恋愛も結婚もしやすくなる。

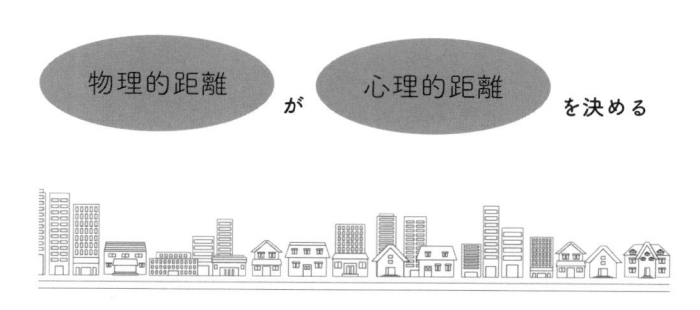

物理的距離 が 心理的距離 を決める

第2章
『やる気・ストレス』
の心理学

10 新しい習慣を身につけるのに必要な期間は 2 週間？

ダイエット、運動、禁煙……、新しい習慣を身につけようと取り組んだものの、挫折してしまった経験がある人は多いでしょう。でも本当にキツイのは最初の 2 週間だけです。

◎ 行動の習慣化には早くて 2 〜 3 週間かかる？

毎日 2 キロのジョギングをするとか、食後には必ず歯を磨くとか、それまで自分がやっていなかった行動を、習慣化することについて考えてみます。

新しい習慣を形成し、新しい自分に生まれ変わるには、いったいどれくらい時間がかかるものなのでしょうか。どれくらい頑張れば、頑張っているという自覚すらなしに、その行動が自動化されるようになるのでしょうか。

ロンドン大学のフィリップ・ラリーによると、習慣を身につけることができるかどうかには、かなりの幅があるらしく、早い人で 18 日、時間がかかる人で 254 日だそうです。

つまり早ければ 2 週間から 3 週間ほどで、行動を習慣化できるわけです。

◎ 最初の 2 週間がいちばんキツイ

たとえば、スポーツジムで身体を鍛える、という習慣を形成するとき、本当にキツイのは最初の 2 週間です。この間は、ついサ

ボりたくなることでしょう。

　ところが、このキツイ時期を乗り切ってしまえば、身体を鍛える行動が習慣化されます。そして、いったん習慣化されると、今度は逆に、**「身体を動かさないと、なんとなく気持ちが悪くて、落ち着かない」という気持ちになる**のです。

　歯を磨くという習慣もそうで、その習慣が身についた人にとっては、歯を磨かないことのほうが気持ち悪くて、どうしても歯を磨きたくなるのです。

　面倒くさいとか、やりたくないなとか、そういう心理的苦痛というか、我慢を感じるのはせいぜい 2 週間くらいですから、頑張ってその時期を乗り切ってしまいましょう。

◎「やったりやらなかったり」はＮＧ

　これは子どもも同じです。まったく勉強していない子どもは、30 分も椅子に座っていられませんが、それでも 2 週間も勉強するようにすれば、勉強することが苦にならなくなるのです。

　ラリーによると、行動を習慣化するためには、最初は休みなく、一貫してやらないとダメなのだそうです。**やったり、やらなかったり、ということでは、行動は習慣化されません**。休みなくつづけることで、習慣化されるまでは自分を甘やかしてはいけないのです。

　最初の 3 日間は頑張ったのに、その後 2 日間の休みをとる、というやり方をしていたら、習慣を身につけるまでに時間がかかります。そういうやり方をしていると、習慣を身につけるのに

200日以上もかかったりしますから、かえって面倒くさいやり方です。

とにかく最初の2週間は自分を甘やかせることなく、嫌なことでも一貫してやりつづけてください。そうすれば、早く習慣が身につきます。

いったん行動が習慣化されたらしめたもので、もう頑張る必要はありません。頑張ろうとしなくとも、身体が勝手に習慣どおりに動いてくれるようになります。

ダイエットにしろ、禁煙にしろ、運動にしろ、食事の習慣にしろ、とにかく最初はキツイとは思いますが、その段階であきらめず、集中的に取り組むのがポイントです。

最初の2週間がいちばんキツイが頑張る

「やったり、やらなかったり」はNG

11 大きすぎる夢や目標を 実現するにはコツがある?

> 大きな夢や目標があったのに「やっぱり自分にはムリだ」と
> あきらめてしまったことはないでしょうか。やる気を引き出
> すコツは、「何とかなるかな」と思えるようにすることです。

◎ 目標が大きすぎるとやる気が出ない

クラーク博士は、「少年よ、大志を抱け」という立派な名言を
残しました。大きな夢を持ち、大きな目標を持つことは、とても
大切なことだと、私も思います。

しかし、**あまりに目標が大きすぎると、人間はやる気が出なく
なってしまう**ことを、読者のみなさんはご存知でしたでしょうか。

「○○したいのはやまやまだけど、僕にはムリだよなあ〜」

「△□できればいいけど、たぶん不可能だろうからやめよぅ……」

目標が大きすぎると、私たちはつい怯んでしまい、あきらめて
しまいがちになります。大きな目標を持つのはけっこう大変なこ
となのです。

◎ 目標は「手の届くサイズ」に分割する

「まったく手が届きそうにない」と感じられるときには、私た
ちは頑張る意欲というものを持てません。

では、どうすれば目標に向かってまい進する意欲が手に入るのかというと、単純な話で、大きな目標を小さく分割してしまえばいいのです。**「これなら、自分でも何とかなりそうだ！」という小さな目標を立てればいい**のです。

　小さな目標をこなすうちに、最終的には大きな目標に到達できるよう、その都度、目標のレベルを上げていくのがコツです。

　小さな目標なら、やる気も出ます。

　なぜなら、ほんのちょっと頑張れば、その目標を叶えることができると思えるからです。私たちは、「不可能」なことにはチャレンジしたいとは思いませんが、**「何とかなりそう」なときには、やる気が出る**のです。

◎ 目標は上手に「コントロール」するのがコツ

　スタンフォード大学のアルバート・バンデューラは、7歳から10歳までの子どもを集めて、算数の勉強をさせたことがあります。

　このとき、ある子どもたちには、「さあ、この258ページの問題集を終わらせよう！」と伝えました。258ページというのは、かなり大きな目標です。

　別の子どもたちには、より小さな目標に分割して伝えました。すなわち、「毎日少なくとも6ページはやろうね。そうすればだいたい40日くらいで終わるからね」と伝えたのです。

　さて、ではこの問題集を完全に終わらせることのできた子どもたちは、どれくらいいたのでしょうか。

　大きな目標を与えるグループでは、完全に終わらせることのできた子どもは 55 ％でした。だいたい半数の子どもは、途中で脱落してしまったことになります。

　ところが、小さな目標に分割して与えたグループでは、74 ％の子どもが終わらせることができたのです。4 分の 3 の子どもが頑張って終わらせたのです。

　大きな目標や夢を持つことはいいことなのですが、「ちょっとムリそう」だと感じたときには、その目標をより小さなものに分割してみてください。

　「それくらいなら、何とかなるかな」と自分で思えるように、**目標を上手にコントロールすることが、その目標を完遂するコツ**だといえるでしょう。

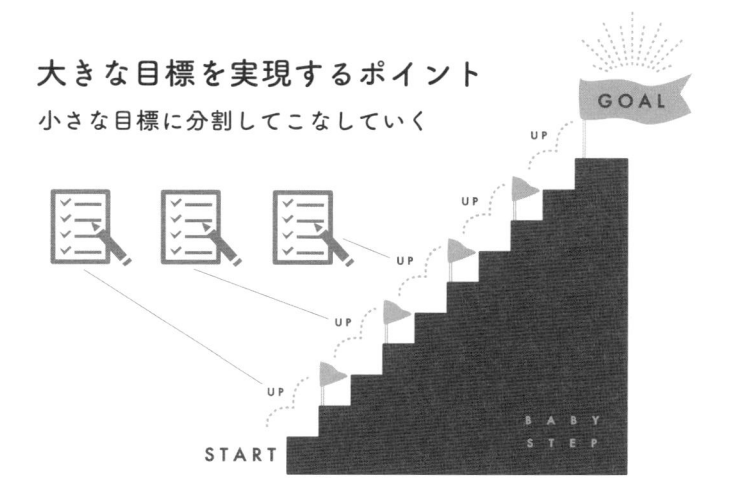

大きな目標を実現するポイント

小さな目標に分割してこなしていく

12 失敗を経験したほうが うまくいくよりずっといい?

私たちはうまくいくとつい楽観的になって、「本当にいいのかな、大丈夫かな」とは考えられなくなるものです。でも、こうした自己反省をしない状態はものすごく危ないです。

◎ 失敗は成功の母

受験でも、就活でも、仕事でもそうだと思いますが、失敗すること自体は、まったく問題ありません。むしろ、中途半端にうまくいってしまうより、有益なことのほうが多いと思います。

なぜ、失敗するのはいいことなのでしょうか。

その理由は、**失敗すれば、人は否応なしに反省するから**です。

いや、失敗でもしないと、そもそも人はなかなか反省したり、自己改善しようという気持ちにはならないのです。実際うまくいっているときに、自分を改めようという気持ちにはなかなかなりませんよね。

失敗した人は、反省します。

「ちくしょう、もっと頑張っておけばよかった!」
「もっとああしておけばよかったのに、悔しいなあ!」

そういう気持ちを持つことで、自分のいたらない点を次にはどうにか改善しようとします。そのため、将来的に見れば、失敗し

ておいたことがプラスに働くのです。

◎ 中途半端にうまくいくと反省しない

ノートルダム大学のスザンナ・ナスコは、大学生 293 名に、1か月の期間をあけて 2 回の試験を受けさせる、という実験をしたことがあります。

そのとき、1 回目の試験でさんざんな目に遭った人は、2 回目の試験で好成績をとる傾向にありました。彼らは、「このままでは、いかん！」と猛反省して 2 回目の試験で頑張ったからです。

ところが、1 回目の試験で中途半端にいい点数をとった人は、「なんだ、たいして準備などしなくてもけっこうなんとかなるもんだな」と楽観的になってしまいました。その結果、2 回目の試験ではひどい結果になってしまいました。

◎ 失敗は買ってでもしたほうがいい？

「失敗は成功の母」といわれますが、失敗することは決して悪いことではありません。なにしろ、それによって一念発起することができ、次にはもっとうまくやれますからね。

人間は、うまくいっているときには反省などしません。反省する必要がないからです。こういう状態は、実は、ものすごく危ないのです。**将来に対して、何の準備もしないことになってしまう**からです。

うまくいっているときにこそ、「本当にこのままで大丈夫なんだろうか？」と自己反省できるような人であれば、わざわざ失敗

して痛い目を見る必要はないのかもしれませんが、なかなかそうやって自己反省できる人は少ないと思います。

　失敗したときには、意気消沈したり、後悔したり、失望したりすることになると思いますが、**失敗を失敗と考えるのではなく、むしろ「チャンス」だと考えてください**。将来的に成功することができれば、失敗のひとつやふたつは、後でいくらでも笑い話にできます。

　よく「失敗は買ってでもしろ」と年輩の人がいったりしますが、その言葉の意味もわかるというものです。失敗こそが、反省し、改善し、前に進む原動力になるからですね。

失敗は「チャンス」だ！

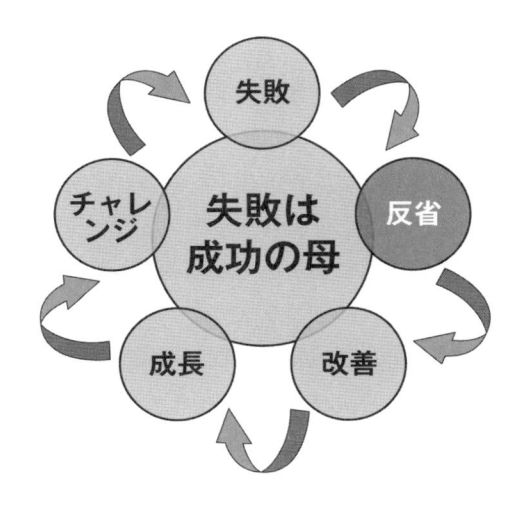

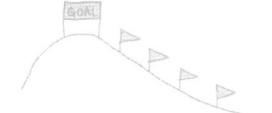

13 人のやる気を引き出すには ごほうびが必要？

> 私たちが頑張りつづけるために必要なこと、それが「ごほうび」です。以前の心理学では、こうした報酬は人のやる気を削ぐと考えられていましたが、いまは正反対の見解です。

◎ ごほうびでやる気は失われる？

少し古い心理学の本を読んでいると、「ごほうび」や「報酬」があると、人はやる気を失う、ということが書かれていたりします。

たとえば、子どもが勉強しているとき、「頑張ってるわね。じゃ、お小遣いをあげる」などというと、かえって子どもはやる気を失って勉強したくなくなってしまう、というのです。

子どもがお絵かきをしているときも、「○○ちゃんは上手ね。頑張っているからおやつをあげるね」などというと、子どもは絵を描くのをやめてしまう、といいます。

けれども、最近ではごほうびをあげても、やる気は失われないばかりか、むしろやる気を高める効果があることがわかっています。

◎ ごほうびがあるから頑張れる？

米国デラウェア大学の**ロバート・アイゼンバーガー**は、約 300 名の小学校 5、6 年生を対象にして、お金の報酬を使って、絵を

描く作業をさせてみたことがありました。けれども、お金をあげる条件の子どもがやる気をなくすとか、オリジナリティのない絵を描く、ということはありませんでした。

　むしろ、**頑張ったごほうびにお金がもらえるということになると、子どもたちは目の色を変えて必死に描いた**のです。

　考えてみれば当たり前の話で、人間というものは、ものすごく打算的なのです。

　ごほうびがもらえると思うから頑張るのであって、ごほうびも何もないのに頑張りつづけることなどできるわけがありません。

◎ イルカの曲芸もごほうび次第

　イルカに曲芸を仕込むときにも、大ジャンプをすればエサがもらえると思うからやっているのであって、いくらジャンプをしようが、**エサがもらえなかったり、飼育員にホメてもらえないのだ**

としたら、バカバカしくて飛び上がろうとはしないでしょう。

仕事でもそうです。

たしかに、仕事をすること自体が面白いと感じる人はいるでしょう。給料など少なくともかまわないから、仕事をさせてほしいと思う人もいるでしょう。

けれども、そんな人でさえ「給料はまったく払わないから、すべてボランティアでやってほしい」とお願いされたら、さすがに躊躇するのではないでしょうか。やる気もなくなるのではないでしょうか。

◎ 人はそんなに頑張れない

報酬は、お金や賞状、なんでもかまいません。ホメられたりする言語的報酬でもかまいません。ともかくたくさんのごほうびがないと、そんなに人間は頑張ることはできないのです。

あまりやる気がないことに取り組むときには、まず自分自身にごほうびを設定し、**「これだけ頑張ったら、自分にごほうびをあげよう」という約束事を決めるのがいい**と思います。頑張りつづけるためにも、ごほうびを用意しておくのがポイントなのです。

14 「何でもやってあげる」と 人は無気力になってしまう?

お年寄りに対して、あるいは子どもに対して、ついつい「やってあげる」ということが多くないでしょうか。それをやさしさと思っているかもしれませんが、実は考えものです。

◎ 何でもやってあげるのはやさしさではない

お年寄りになれば、だれでも身体の自由がきかなくなってきます。しかし、そんなお年寄りに対しても、あまりかいがいしく面倒を見るのは考えものかもしれません。

何でもかんでも、お年寄りにやってあげるのが、やさしさではありません。

◎ まかせると元気になる

それを示すデータがあるので、ご紹介しましょう。

イエール大学のジュディス・ロディンは、ある老人介護施設でこんな実験をしてみました。もともとこの施設では、スタッフが何でもお年寄りのためにやってあげていました。洋服を着せたり、食事の準備をしてあげたり、部屋の掃除をしてあげたり、入浴のお手伝いをしてあげたり。

けれども、ロディンは、スタッフがやっていることを、そっくりお年寄りのみなさんにやってもらうことにしたのです。

もちろん、できないことについてはスタッフがお手伝いしまし

たが、「○○さんは、植物の水やりね」「○○さんは、お風呂掃除をお願いね」というように、**スタッフがやるべき仕事を、どんどんまかせるようにした**のです。

するとどうでしょう、18 か月後には、施設のお年寄りたちは、以前よりも元気になってしまいました。

それまでは、何もすることがなく、ただ一日中座ってテレビを見ているだけだったお年寄りたちが、積極的に庭に出るようになったり、畑で野菜を植えるようになったり、部屋の片づけをしたりするようになったのです。

また、社交性も高まり、他の人との会話も増えました。それまでは廊下ですれ違っても挨拶もしなかったのに、です。

さらに、実験前の施設での平均死亡率が年間 25 ％だったものが、15 ％に減ったというのです。

◎ 自分でやらせるやさしさ

お年寄りだから、あるいは、身体が少々不自由だからといって、他の人が代わりに何かをしてあげるのは、本人にとってはあまりいいことではないようです。

むしろ、自分がやれることは何でもまかせてしまう、というやさしさもあるのです。

このことは子育てにもいえることです。

たとえば子どもがかわいいからといって、子どものために何でもしてあげる親がいますが、考えものでしょう。子どものためなら何でもしてあげたい、という親心はよくわかるのですが、結局

は、子どものためになりません。**親が、子どものために箸の上げ下ろしまで手伝ってやろうとすると、子どもはどんどん無気力になっていきます。**

　少しくらい突き放したほうがいいというか、そういう厳しいやさしさがあることも覚えておくといいと思います。

　職場でも、部下のやるべきことを何でも上司が代わりにやってあげようとすると、部下はいつまでも成長しませんし、やる気も出してくれません。

　やれることはどんどんやらせたほうがその人のためになることも、現実には多いのです。

本当の「やさしさ」って？

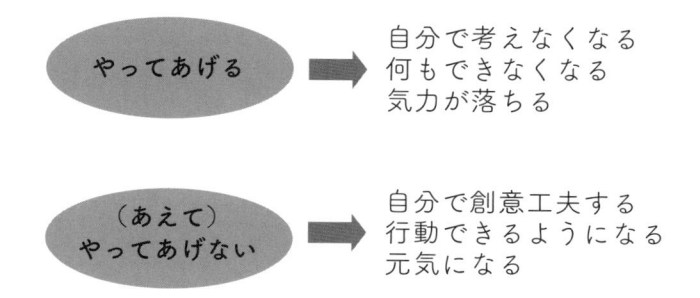

やってあげる　→　自分で考えなくなる
何もできなくなる
気力が落ちる

（あえて）
やってあげない　→　自分で創意工夫する
行動できるようになる
元気になる

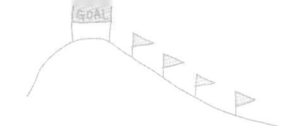

15 「ながら学習」はなぜ効率が悪い?

勉強に飽きてついテレビを見ながら、音楽を聞きながら勉強
をしてしまう、という経験は誰にもありそうです。でも本当
に学習効率を上げたいなら、短時間で集中するのがコツです。

◎「ながら学習」は勉強時間を延ばすだけ

勉強をしようとするとき、ただ机に向かうだけでは飽きてしまいます。そのため、「テレビを見ながら」あるいは「音楽を聴きながら」、あるいは「ラジオを聞きながら」勉強をする人も多いのではないでしょうか。

これらの勉強法は、何かをしながら勉強をするので、「ながら学習」などと呼ばれています。

実際のところ、こういう「ながら学習」は果たして効果的なのでしょうか。

結論からいうと、あまりおススメできる勉強法ではありません。

たしかに、勉強する時間は延ばせるかもしれませんが、単に「勉強時間が増える」だけで、集中して勉強の内容が頭に入ってくるわけではないからです。むしろ、**集中力が乱され、学習効率は落ちる**ものです。

◎「テレビを見ながら」が最も効率悪い

オランダにあるライデン大学のマリナ・プールは、160名の高

校生に宿題を出し、その宿題を片づけるまでの時間を測定してもらいました。ただし、それぞれの高校生には、「ながら学習」をするようにお願いしておきました。すると、次のような結果が得られたそうです。

▼条件	▼宿題をこなすのに かかった時間
メロドラマを見ながら	40.43 分
音楽ビデオを見ながら	35.03 分
ラジオを聞きながら	36.05 分
ながら学習しない	33.08 分

このデータが示すように、もっとも早く宿題を片づけることができたのは、「ながら学習しない」条件でした。最も悪いのはテレビのドラマを見ながらやることでした。

テレビを見ながら作業をしようとすると、どうしてもそちらに気をとられることになりますから、集中できなくなります。すると、時間ばかり長くかかることになるのです。

◎「勉強しているつもり」ではいけない

「私は、テレビを見ながら勉強すれば、6 時間でも、7 時間でも勉強できる」という人がいらっしゃるかもしれませんが、それは**「集中していない」から長く勉強できているだけ**です。つまり、

「勉強しているつもり」なだけで、勉強にはなっていません。

　学習効率というものは、勉強時間に比例するわけではありませんから、ただ単に勉強する時間を増やしたところで意味はないのです。それよりも「ながら学習」をやめて、**集中して取り組み、1 時間ほどで勉強を切り上げたほうが、かえって知識が身につく**でしょう。

　どうせ勉強をするのなら、できるだけ短い時間で、そのぶん集中して取り組んだほうがいいに決まっていますから、「ながら学習」するのは絶対にやめておいたほうがいいといえるかもしれません。

ながら学習

集中できず
効率悪い

短時間集中

１時間ほどで
切り上げたほうが
知識は身につく

16 ストレスを上手に受け流す心理テクニックがある?

ストレスがまったくない人は少ないと思いますが、わりと上手に受け流せる人とそうでない人に分かれるようです。ストレス軽減にはぜひ活用したい心理テクニックがあります。

◎ ストレスを引き起こす事態は避けられない

日常生活では、だれでもイライラして、ストレスが溜まるような出来事がよく起きます。ここでは、そんなストレスをなるべく軽減するための心理テクニックについて考えてみたいと思います。

最初に言っておきたいのは、**どんなに避けようとしても、ストレスを引き起こす事態というものは避けられない**、ということをしっかりと認識しておくことが大切だということです。

ストレスフルな出来事というのは、どうしても起きます。

ですから、最初から、**「そんなのは、当たり前だ」**と考えておきましょう。

あらかじめ「ストレスは、ある」と考えておけば、人間はそういう心構えができます。そして、**あらかじめ心構えさえしっかり持っておけば、実際に嫌な目に遭っても、けっこう何とかなってしまうもの**なのです。

たとえるなら、いきなりお腹を殴られたらだれだって痛いに決まっていますが、あらかじめお腹に力をこめていれば、殴られて

もそんなに痛くないのと一緒です。心構えさえしておけば、人間は対処できるのです。

◎「ストレス予期」がポイント

あらかじめストレスを見込んでおくことを **「ストレス予期」** といいます。そして、ストレスを予期しておけば、そんなに苦痛にも感じません。

たとえば、勤務時間中には、電話がかかってきて自分の業務が邪魔されるのが当たり前だと思っていれば、かりにだれかからの電話で邪魔されても、そんなにイライラしません。「ほら、やっぱり電話で邪魔された」と軽く受け止めることができます。

上司が、いつでも叱声ばかりで、ホメてくれないのが当たり前だと思っていれば、上司に呼ばれて小言をいわれても、「ああ、いつものヤツね」とそんなに重大に受け止めず、気軽に受け流すことができるでしょう。

このように、あらかじめストレスを予期しておけば、ストレスになりません。

ですから、ストレスはもうそれが日常的にあるものだと思っているのがいいでしょう。

◎ どう受け流すか考えられればなおよい

米国デューク大学のアンドリュー・カートンは、70 名の大学生にある文章を読ませ、「A」で始まる単語を見つけたら、その単語に線を引いていく、という注意力を必要とする作業をやらせ

ました。

　その際、半分の学生にはあらかじめ「途中で、監督者から邪魔されることがあります」と伝えておきました。ストレスが起きることを予期させたのです。残りの半分にはそういう警告をせず、いきなり作業中に邪魔をしました。

　では、どれくらい集中して作業に取り組めたのでしょうか。線を引いて消すことができた単語数を調べてみると、ストレスを予期させられたグループでは 144.11 語。いきなり邪魔されたグループでは 125.84 語でした。

　このように、「ストレスなことがあるよ」とあらかじめ準備しておくことで、人はあまりストレスを感じずに作業に取り組むことができる、というわけです。

　そのためには「嫌なことが、起きなければいいなあ」ではなく、**「嫌なことは、絶対に起こるものだ」と考え、さらに「そのときにはこういうふうに受け流すことにしよう」と考えておくのがコツ**です。ぜひ意識してみてください。

「嫌なことは、絶対に起きるもの」

問題は、
そのときに
どう対処するかだ！

17 「ストレス耐性」を身につけたい人は 今すぐ運動をするべき？

前項では上手にストレスを受け流す方法についてお伝えしましたが、本項では上手なストレス発散法を取り上げます。誰でも簡単にできることです。

上手にストレス発散できる人の共通点

世の中には、ストレスを溜め込みやすいタイプと、ストレスを上手に発散してしまうタイプがいます。

そして、後者に共通して見られるのが、**「運動する習慣を持っている」** ことです。

普段から、ちょっと散歩したり、軽くジョギングすることを日課としている人ほど、あまりストレスを感じなかったり、上手に処理できていたりします。

運動する習慣がない人にとって身体を動かすことは、どうしても「面倒くさい」「おっくうだ」と思ってしまう傾向があります。でも実際に身体を動かしてもらえればわかるのですが、本当は「けっこう気持ちいい」ことなのです。

実は、**面倒と思うのは最初だけで、意を決して体を動かしてみると「あれれ、なんだか楽しいぞ」となる**ことがわかると思います。

ぜひ、試してみてください。

運動の心理効果

ニューオリンズ大学のライネット・シルベストリは、21歳から65歳までの男性に、運動するとどういう心理効果があるのかと尋ねてみました。

すると、**70％が「ストレスが減る」と答えた**のです。運動は、ストレスを軽減させる心理効果がはっきりとあるのです。

また、47％は、「運動していると、リラックスできる」とも答えていました。運動すると「疲れるだけ」だと思われるかもしれませんが、現実には逆で、「リラックスできる」のであり、スッキリするのです。

一方で、運動する習慣がない人は、どうしても悲観的になりやすい、というデータもあります。

運動していないと、暗いこと、嫌なことばかり考えてしまうので、気落ちしやすくなってしまうのです。

その点、運動する習慣を持っている人は、物事をポジティブに、明るく考えることができることもわかっています。

運動していると、不思議なことに、あまり悲観的なことを考えなくなるのです。

運動の効果は身体よりも心にある？

運動をすることは、もちろん身体的な健康にも役立ちますが、私はそれ以上に、**心理的な健康に役立つ**と考えています。

運動する習慣を身につければ、ちょっとしたことでいちいち気

落ちしたりせず、「なあに、次はうまくいくよ！」と明るく考えることができるようになりますし、かりに他人から嫌な目に遭わされても、軽く受け止めることができるようになります。

　つまり、**ストレス耐性が身につく**のです。

ストレス耐性は運動で身につく

運動をする人

○ ストレスが減る
○ リラックスできる

運動をしない人

× 嫌なことばかり考えてしまう
× 気落ちしやすい

18 嫌なことを一瞬でポジティブに変える方法がある？

「ストレスシリーズ」第3弾です。今回は嫌なことをポジティブに「歪める」という方法をお伝えします。これができれば、ストレスを幸せにすら変えることができるでしょう。

◎ 物事は考え方次第

ストレスフルな出来事も、考え方ひとつで、まったくストレスに感じなくなります。どんなに悲惨な出来事でも、考え方を変えてみると、人間は少しもストレスを感じないばかりか、むしろ感謝の気持ちすら抱けるようになるのです。

たとえば、ものすごく自分に対して厳しく接してくる上司がいるとしましょう。

他の同僚たちには、そんなに厳しい指導をしていないのに、なぜか自分には細かいことまで口を出してくるとします。

けれども、この上司からの嫌がらせをネガティブにとらえず、ポジティブに歪めて解釈すればどうなるでしょうか。

「赤の他人であるはずの私に、こんなに熱心に指導してくれる！」
「上司は、私を嫌いなのではなく、本当は愛情を持っているのだ！」

そんなふうに考えることができれば、上司に対してストレスを

感じることはありません。むしろ、嬉しさのほうを感じるのではないでしょうか。

「嫌だなあ」と感じるようなときには、発想を変えて**「ありがたいよなあ」と考える**のがポイント。少しでもネガティブな感情になったときには、すぐさま思考をポジティブな方向へ切り替えましょう。

◎ ポジティブに歪めて解釈する

テネシー大学のエリン・オマラは、82 組の新婚夫婦を 4 年間に渡って追跡調査し、**仲のいい夫婦ほど、相手をポジティブに歪めて解釈している**ことを突き止めました。ストレスフルな出来事も、全部ポジティブに受け止めていたのです。

たとえば、少しくらい料理の味付けが薄くとも、「こいつは料理がヘタだなあ」と考えるのではなく、「自分の健康を思って、塩分を控えめにしてくれているのだ、ありがたいなあ」と考える人ほど、結婚生活は円満でいられるのです。

ストレスというものは、あくまでも主観的なもの。

本人が、イヤだ、不愉快だと感じていなければ、それはもうストレスになりません。

ストレスを溜め込みたくないのなら、ストレスだと感じないようにすればいいのです。そのためには、どんなときでもポジティブに歪めて受け止めてしまえばいいというわけです。

◎ ストレスは幸せにすら変えられる？

どんなに厳しい状況に置かれても、**「心の修練をさせてもらっているのだ」**と考えれば、苦痛に感じません。

かりに会社からとんでもない量の仕事を押しつけられたのだとしても、精神的な修行をさせてもらっているのだと考えればいいのです。

人間は、たとえ苦しいことでも、考え方次第で幸せに変えてしまうという特殊な能力を持っています。

登山やマラソンは、その好例でしょう。

重い荷物を担いで山道を登ったり、何十キロも走りつづけることは、行動だけを考えればまことに苦痛なだけだと思うのですが、嬉々としてそれに取り組んでいる人もいるのです。おそらく、頭の中でポジティブな歪みが起きているのです。

物事は「考え方」次第

不幸になるタイプ

なんでいっつもオレばかり言われるんだよ…

きっと嫌がらせなんだろうな…

幸せになるタイプ

オレにはすごい愛情を持ってくれているに違いない

こんなに熱心な指導をしてくれるなんて有り難い！

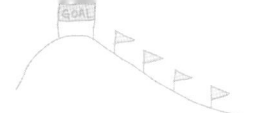

19 「とりあえず笑ってみる」に 効果はあるの?

意気消沈している人に「とりあえず笑ってみよう」というのは勇気がいりますね。「バカにしてるのか」と怒られそうですが、実はムリにでも笑うほうが気持ちはスッキリします。

◎ 感情は表情の影響を受ける

私たちの心や感情は、自分のしている表情に影響を受けます。

たとえ面白くなくとも、「アハハ」と声を出して笑っていると、なんとなくおかしく感じてくるものですし、悲しくなくとも、泣きそうな顔をしていると、なぜか心も沈んできてしまいます。

辛いこと、悲しいことがあっても、「アハハ」と笑っていれば、悲しみを感じずにすみます。むしろ、面白くなってくるはずです。

ストレスを感じたときには、「もう、あまりにも自分が辛すぎて、笑っちゃうな」と考えましょう。**そして、実際に笑ってください。**そうすれば、ストレスはきれいに消えてなくなります。

◎「目を閉じてリラックス」ではストレスが減らない

米国ペンシルバニア州にあるアラゲイニー大学のアミー・ダンザーは、38 名の女子大学生にお願いし、どういうやり方をすればもっともストレスを減らせるのかを実験してみました。

ダンザーは、お笑いのテープを聞く、地質学の講義をしているテープを聞く、何もせず静かにリラックスする、という 3 つの条

件でのストレス軽減効果を比較してみたのですが、お笑いのテープを聞くという条件でのみ、ストレスが軽減しました。

笑っていれば、心も愉快になってきて、それによってストレスが減るのです。

目を閉じて静かにリラックスするというやり方では、ストレスは減らせません。もっと積極的に笑うことが重要です。

しかも、笑うといっても、そんなに長い時間でなくてもけっこうです。**時間は、1分間。それでも十分にストレスは減少します。**

◎「ムリに笑う」のも効果が高い

米国ニュージャージー州にあるフェアレイ・デッキンソン大学のチャールズ・ニューホフは、21歳から43歳までの成人を集め、1分間、ムリに声を出して笑ってもらうという実験をしてみたのですが、**1分後にはみな「気持ちよさ」を感じるようになっていました**。たった1分間で気分がよくなるのですから、ものすごくお手軽だといえるでしょう。

たとえば仕事をされている方で、契約寸前で解約されてしまったとか、大事な書類を忘れたままで取引先を訪問してしまったとか、何かしらストレスを感じることが起きたら、トイレなどの個室にこもって、「もう笑うしかないな、アハハ」と笑ってみましょう。そうすれば、意気消沈してしょんぼりせずにすみますよ。

第3章
『街中』の心理学

20 なぜ絶叫マシンやお化け屋敷はいつも人気なの？

テーマパークに必ずといっていいほどあるアトラクションがジェットコースターとお化け屋敷です。これらは「怖い」ことで共通していますが、なぜいつも人気なのでしょうか。

◎ わざわざ怖い思いをしたいワケ

たいていのテーマパークには絶叫系のアトラクションがあります。どうして、わざわざ怖い思いをしてまで、そういうアトラクションに乗ろうとする人がいるのでしょうか。

またお化け屋敷なども、やはり恐怖や不安を高めます。にもかかわらず、なぜお化け屋敷が好きな人が多いのでしょう。

その理由は、**興奮を感じたいから**です。

実は、不安や緊張を大きく感じれば感じるほど、その状態から解放されたときの興奮は大きくなるということがわかっています。これを**「逆転理論」（リバーサル理論）**といいます。不安という感情は、興奮にひっくり返るのです。

逆にいうと、**まったく不安や緊張を感じないアトラクションでは、興奮もゼロになってしまう**のです。

◎ 興奮を感じたい

フランスにあるランス大学のファビエン・レグランドは、あるテーマパークにやってきて絶叫マシーンに乗ろうとしているお客

に対して、不安を測定させてもらいました。また、乗り終えた後の興奮の度合いも測定させてもらいました。

その結果、**事前の不安が高いほどに、乗り終えてからの快適な興奮の度合いが高まる**こともわかったのです。ようするに、絶叫マシーンを好んで乗る人は、「**怖い思いをする**」のではなく、「**興奮を感じたい**」ために、乗っていたのです。

怖い思いをしなければ、興奮もありません。

臆病な人は、何も怖がらない人を羨ましいと思うかもしれませんね。しかし何も怖がらない人は、興奮も感じにくいということです。つまり、**怖がらない人は、楽しめない人でもある**のです。そんな人が羨ましいわけがありません。

◎ **あえて不安や緊張を求めることも悪くない**

私は、講演会のような場所で、人前で話すのが大の苦手ですが、それでも講演会が嫌いではありません。小心者ですので、数日前からすでに緊張しているのですが、講演会が終わった後には、何ともいえない爽快感を味わうことができるので、嫌いではないのです。

不安や緊張は、興奮にひっくり返るのですから、あえて不安や緊張を高める状況に自分を投げ込んでいくのも、悪いことではありません。

異性と話すとき、緊張しすぎる人は、異性とほんの少しでも話せれば、ものすごく喜べるでしょう。本人はとても嬉しいはずです。

その点、異性と話すことに慣れていて、不安や緊張を感じることがない人は、喜びを感じることもできません。

　ですから考え方によっては、**不安や緊張を感じやすいタイプのほうが、喜びも幸福も味わうことができてラッキー**だということです。

逆転理論（リバーサル理論）

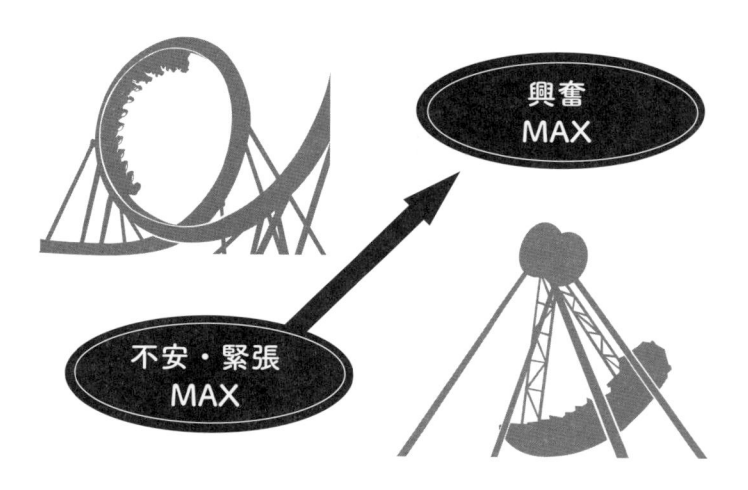

「怖い思いをしたい」のではなく
「興奮を感じたい」

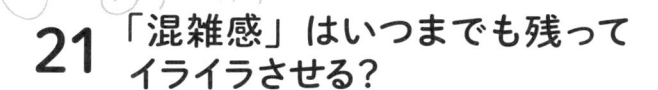

21 「混雑感」はいつまでも残ってイライラさせる?

> 週末や長期休暇中のテーマパークや観光地は大混雑。高速道路も大渋滞。そんなときは、混雑していないところに入っても、不快感が残ってイライラしていたりしませんか。

◎ 不快感はなかなか消えない

圧倒的な人気のテーマパークといえば、ディズニーリゾートですが、そのディズニーでもっとも心がけていることは、「混雑の解消」だそうです。アメリカのディズニーワールドでもパーク開園当初から、混雑がもっとも悩ましい問題だったといいます。

なぜ、混雑の解消が重要なのかというと、そこで感じた不快感は、その後もしばらくついてまわるからです。これを **「持ち越し効果」（キャリーオーバー効果）** といいます。

この「なんとなく不愉快」「なんとなくイヤだ」という感情は、すぐには消えてくれません。仮にその後に、楽しいイベントがあったとしても、その前に生じたネガティブな感情のせいで、せっかくのイベントが楽しめなくなってしまう、ということがあるのです。

読者のみなさんは、夏休みなどの長期休暇や大型連休に旅行に出かけようと思ったのに、渋滞に巻き込まれて不愉快な思いをし

たことはありませんか。渋滞でうんざりすると、目的地について
からも、そんなに楽しめなかった、という経験はないでしょうか。
これが「持ち越し効果」なのです。

◎ 実際に混んでいなくても「混雑感」が残る

ノースキャロライナ大学のキャサリーン・アンデレックは、キャロライナ州にある国立モニュメントである調査をしてみました。

その国立モニュメントは、30分間ボートに乗っていかなければたどり着けない島に存在していました。ところが、時間帯によっては、着くまでのボートがひどく混んでいることがありました。すると、混雑したボートで到着した観光客は、目的地のモニュメントに着いても、そんなに楽しめなくなっていたのです。

実際の観光地は、そんなに混んでもいませんでした。しかし、その前にぎゅうぎゅう詰めのボートに乗せられると、**目的地に着いてからも混雑しているような感じがしばらくつづいて感じられる** こともわかりました。

◎ ごみごみした場所は要注意

飲食店でもそうだと思うのですが、入口が混み合っていると、店内は比較的空いているにもかかわらず、「ごみごみしたお店だな」という悪い印象を与えてしまいます。もちろん、お店に対する印象も悪くなってしまいます。

ですので、入口付近はなるべくごちゃごちゃさせないようにパ

ーティションで区切るとか、待合い室にゆったりしたスペースを設けるなどの工夫が必要でしょう。

　私たちは、ごみごみした場所があまり好きではありません。ですので**混雑している感じをなるべく解消してあげることが重要**というわけです。

持ち越し効果（キャリオーバー効果）

「混雑感」は、混雑が解消した後もなかなか消えない

22 渋滞で隣のレーンが 早く進むように感じるのはなぜ？

車を運転する人ならわかると思いますが、渋滞した高速道路では、なぜか隣の車線のほうが車が早く進んでいるように感じるものです。いったいこれはなぜなのでしょうか。

◎ 強引な車線変更は意味がない

道路が渋滞してくると、まったく前に進まなくなります。なんともイライラさせられる状況です。

このとき、二車線道路、三車線道路を走っていると、なぜか不思議な感覚を味わうことができます。どんな感覚かというと、自分の車がいるレーンよりも、隣のレーンの自動車のほうが、どんどん先へ先へと進んでいくように感じるのです。

「なんで、こっち側は全然進まないんだ！」とムシャクシャした気分で、強引に車線変更してみます。

すると、どうでしょう。今度は先ほどまで自分がいたレーンの車が、どんどん進んでいくではありませんか。これはいったい、どうなっているのでしょう。

◎ ただの錯覚？

実はこれ、ただの錯覚です。

道路は、どちらも混んでいるのですから、片方だけが進むのが遅いということはありません。もし差があるとしても、ほんのわ

ずかなものです。

カナダにあるトロント大学のドナルド・レデルマイヤーは、自動車教習所にあるようなコンピュータ・シミュレーションを使って、道路をいろいろ混雑させながら運転させるという実験をしてみたことがありました。

すると、**道路 1 キロあたりに 50 台の車が集まると、同じ速度で流れていても、隣のレーンのほうが先に進むように感じてくる**ことがわかりました。

平均速度が少し遅くなってくると、70％の人が、「隣のほうが進むのが早い」と感じるようになり、65％は「車線変更する」ことを選ぶというのです。

◎ **理由は後方をあまり見ないから**

では、なぜ隣のレーンばかり進んでいるように感じてしまうのでしょうか。

その理由は、自動車を運転する人は、**前方はしっかり見ていますが、後方をあまり見ないから**。自分が追い抜いた車はすぐに視界から消えるので、自分が先へ進んだと感じません。

一方で視界に入りやすい隣のレーンの車をじっと見つめていると、その車がわずかに進んだとき、「ほら、やっぱり隣のレーンのほうが早い」と感じやすくなるのです。

進んだといっても、せいぜい 20 メートルくらいなのですけれども、ずいぶん先のほうに進んだように感じるのです。

渋滞中に隣のレーンが
早く進むように感じるのは "錯覚"

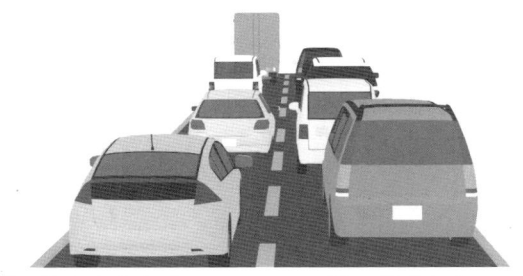

追い抜かれたとき

→ 隣の車が
　　視界に長く残る
→ 自分の車がどんどん
　　後ろに後退する実感
　　を強く持つ

追い抜くとき

→ 隣の車は
　　視界からすぐ消える
→ 自分の車が
　　先に進んだと
　　実感しにくい

◎ 事故になって多くの時間をロスしないように

　というわけで、隣のレーンばかり進むように感じるのは錯覚のようなものですから、強引な車線変更をする必要はありません。するべきでもないでしょう。

　というのも、道路が混んでいるときは、どちらのレーンも混んでいるのです。

　ムリに車線変更などをすると、それが事故を引き起こし、余計に時間がかかることになってしまうので注意してください。

　道路が渋滞しているときには、大好きな音楽でも聞いて気分転換をはかるなり、こまめに休憩をとるようにして、事故だけは起こさないように気をつけましょう。

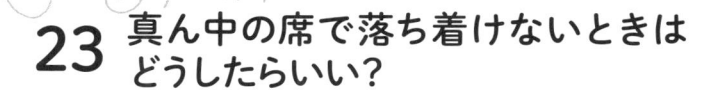

23 真ん中の席で落ち着けないときはどうしたらいい?

乗り物の座席では、両隣に人がいる真ん中の席だとどうにも落ち着きません。端の席にくらべて、2 倍のストレスを感じているといわれています。どうしたらいいのでしょうか。

◎ 真ん中に座るだけでストレスを感じる

新幹線や飛行機に乗るときには、3 人掛けの席の真ん中に座るのはやめましょう。なぜかというと、**両隣に人がいると、私たちはひどくストレスを感じるからです。**

おそらくたいていの人は、経験的にそれを知っているので、真ん中の席にあえて座ろうという人は少ないとは思います。

飛行機でも電車でもバスでも何でもそうなのですが、並んで座るシートの場合、真ん中に座っているだけで知らないうちにストレスを感じます。これはなぜなのでしょうか。

◎「パーソナル・スペース」

私たちは、他の人が近くに寄ってこられると、ストレスを感じます。自分のまわりには、目に見えませんが**「パーソナル・スペース」という個人空間**があって、その空間に他の人が入ってくると、ストレスを感じるようになっているからです。

一番端にある席に座っているのなら、個人空間の片方だけに侵入されるだけですみますが、真ん中の席ですと、両隣から侵入さ

れることになるので、ストレスが2倍になってしまうのです。

　ムリに真ん中の席に座るよりは、むしろだれもいないところに立っていたほうが、ストレスは少なくてすみます。立っていると身体的には疲れますが、周囲に人がいなければ心理的なストレスを感じにくくなるためです。

◎ 両隣に挟まれるなら立つほうがいい？

　コーネル大学のゲリー・エヴァンスは、都市部に住んでいるラッシュアワー時の乗客にお願いして、だ液を採取させてもらったことがあります。だ液の中に含まれるコルチゾールという成分を調べて、ストレスを測定してみたのです。

　その結果、2人がけの席に座るより、3人がけの席に座っているとストレスが高く、しかも3人がけの真ん中の席に座っていた乗客が、一番ストレスを感じることがわかりました。しかも、座席の真ん中に座っている人は、イライラや嫌悪感も高かったのです。

　電車に乗ると、すぐに座る席を探そうとする人がいらっしゃると思いますが、**両隣に挟まれて座るくらいなら、いっそのこと立っていたほうが心理的には疲れないのではないか**と思います。もちろん、それでも座りたいのであれば止めませんが。

　私たちは、自分の個人空間が他人に侵食されるとストレスを感じてしまいます。

　エレベータのような狭い空間では、どうしてもお互いの個人空間が侵食されやすくなり、ストレスを感じます。エレベータガー

ルのような仕事は、本当に大変だと思うのですが、疲れないので
しょうか。

◎ ラッシュアワーで眠っている人が多いのは

ちなみに、個人空間を侵食された場合には、他人がすぐ隣にい
ることを気にしないために、**目を閉じているのがいい**と思います。

目を閉じてしまえば、他人の存在が視界に入らなくなり、そん
なにストレスも感じなくなります。目を空けていると、それだけ
ストレスが高まってしまいますから、目を閉じて眠ってしまった
ほうがいいわけです。

ラッシュアワーのときに眠っている人が多いのも、ストレスを
軽減するために自然に身につけた人間の知恵なのかもしれません
ね。

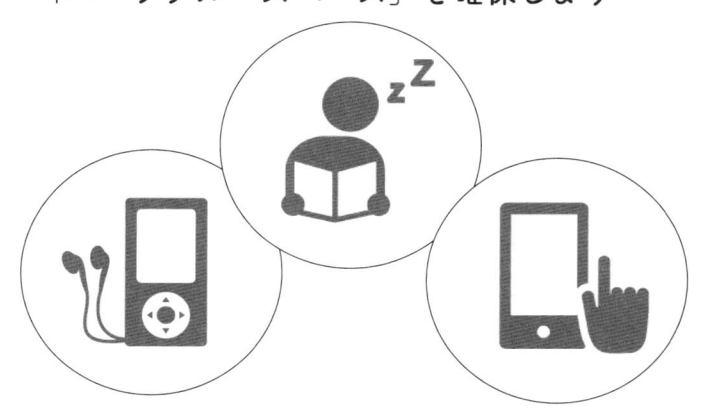

自分に合ったやり方で
「パーソナル・スペース」を確保しよう

24 犯罪が起きやすい / 起きにくい場所は決まっている?

犯罪が頻繁に発生する場所というのは、だいたい決まっているものです。思い浮かべてみるとわかりますが、そういうところはだいたいごみごみしているものです。

◎ 比較的に安全なところとは

女性が都会で一人暮らしをするときには、犯罪に巻き込まれないかが心配ですよね。

なるべく犯罪に巻き込まれないような、犯罪が起きにくいような比較的安全な場所というのはないのでしょうか。

これが、あるんです。

都会のほうが犯罪の発生件数は多いのですが、すべての地域で、等しく犯罪が起きるのかというとそんなことはなくて、「起きやすい」ところもあれば、「起きにくい」ところもあります。

では、どんな場所ほど安全かというと、それは"緑の多いところ"です。**道路に街路樹が植えられていたり、緑の公園などがある地域では、なぜか犯罪が起きにくい**のです。女性が住むのであれば、そういう場所を探すのがいいのではないでしょうか。

◎ 緑の多さで犯罪発生率に差が出る

シカゴの大規模な公営団地開発計画をテーマにした研究があります。政府の助成を受けて、イリノイ大学のフレンセス・クオが

研究をおこないました。

　この開発計画では、敷地の片側にはかなりの木々が植えられていたのに、反対側はコンクリートジャングルのようになっていました。

　２つの区域の犯罪発生率を調べてみると、緑の多い地区では、コンクリートだらけの地区より、盗難が48％、暴力事件が52％も少ないことがわかりました。ほとんど地理的に変わらない公営団地の区域でも、そういう差が出てきてしまうのです。

◎ 同じようなところでくり返し起こる理由

　犯罪が起きるところでは、何度でも頻繁に犯罪が起きます。

　ところが、起きないところでは、ほとんど起きないのです。

　都会においてもそういう場所はすでに特定されているので、痴漢が多いとか、暴行事件が多いとか、そういう場所はなるべく避けたほうがいいでしょう。そのときに役に立つ手がかりのひとつが、"緑の多さ"なのです。

　だいたい犯罪が多い地域は、**人がストレスを感じやすいところ**と相場が決まっています。

　ごみごみしていたり、異臭が漂ったりしていると、人はイライラしやすくなります。コンクリートだらけの殺風景なところも、人はイライラします。そのためどうしても犯罪が増えてしまうのでしょう。

　逆に、**緑を見ていると、ストレスが解消されます**。木々の変化

の移り変わりなどを楽しむこともできますので、比較的ストレスを感じにくいのです。ですから、そういう場所では犯罪も起きにくいと考えられます。

街全体にたくさんの木々が植えてあるような場所や、桜並木のきれいな場所などに住めば、犯罪に遭う確率も減るでしょうし、心理的にもリラックスできて幸せな暮らしができるのではないでしょうか。

犯罪が起きにくいところ

○ 街路樹が植えられている
○ 緑の公園がある
○ 近くに桜並木がある

犯罪が起きやすいところ

× 緑が少ない
× コンクリートばかりで殺風景
× 異臭が漂っている

25 なぜ「隣の芝生は青く見える」の?

「お宅のご主人は素敵よね（そのくせうちの主人ったら）」とか「都会に出たい（こんな田舎じゃどうしようもない）」といった発言はありがちです。なぜよそはよく見えるのでしょうか。

◎ いいところばかりを見ていると

都会暮らしの人は、田舎に憧れます。

田舎のほうがのんびりしていて、土地も比較的安いので大きな家に住んだり、広い庭を手に入れることができるだろうな、などと考えるわけです。老後には田舎に住みたいという人もけっこう多いのではないでしょうか。

田舎暮らしの人は、田舎暮らしの人で、都会暮らしに憧れます。都会のほうが華やかな感じがしますし、遊ぶところもたくさんあるので、楽しそうに感じるからです。

結局私たちは、相手のいいところばかりを見ているわけです。**悪いことをまったく考えないために、「隣の芝生は青々と見えてしかたがない」という思いにとらわれる**ことになるのです。

◎ 実際の幸福感はほとんど同じ

テキサス大学のデビッド・シュケイドは、中西部の田舎に住む人たちに、「カリフォルニア在住の住民は幸せだと思いますか?」と尋ねてみました。すると口をそろえて、「幸せに決まっている」

という答えが返ってきました。

　その理由を尋ねてみると、気候が温暖で過ごしやすいだろうというのです。

　しかし、カリフォルニア在住の住民に、「あなたは、ここに住むことができて幸せですか?」と尋ねてみると、まったくそんなことはありませんでした。中西部の人たちが自分の土地に感じるのと、ほとんど同じくらいしか幸福ではありませんでした。

　カリフォルニアの住民は、当然ながら、いいことだけではなく、悪いことがいくらでもあることを身をもって知っています。たしかに気候は温暖で過ごしやすいかもしれませんが、カリフォルニアは全米の中でも犯罪が多い地域ですし、道路も渋滞していて空気もおいしくありません。

　このように私たちは、**他人を見るとき、長所には目を向けるくせに、悪い点についてはほとんど考えません。だから、羨ましいと思ってしまうのです。**

◎ いいところもあれば悪いところも

　都会暮らしの人は、田舎暮らしがのんびりしていてよさそうだと思っていますが、田舎暮らしの人は、買い物に行くのも病院に行くのも不便であることを知っています。電車やバスも、一日に数本しかないことも知っています。また、ご近所付き合いが濃密すぎて、煩わしいと思うことがあることもわかっています。だから、田舎暮らしのほうが面倒だと感じています。

　逆に、田舎暮らしの人は、都会暮らしの大変さを知りません。

交通量が多くて、排気ガスで大気が濁んでいることもわからない
でしょうし、ご近所付き合いがまったくなくて、冷たいと感じる
ことがあることもわからないでしょう。

◎「いいな」と思ったら悪いところも考えてみよう

「○○っていいよなあ」と思ったときには、必ず、いいところ
だけでなく、悪いところについても考えるようしなければなりま
せん。そうしないと、バランスがとれないからです。むしろ、**悪
いことのほうをより多く考えなければなりません。**

日本人は、日本の悪口をいって、外国を称賛することが多いの
ですが、外国のいいところだけを見て、悪いことがあることを考
えないのでしょう。総合的に見れば、日本ほどいい国はないと私
は思っていますが、そう感じられない日本人のほうが圧倒的に多
いのも、「隣の芝生は青く見える」典型的な例といえるでしょう。

どんなことにでも「オモテ」と「ウラ」がある

「いいところ」
だけを見ては
いけない

26 オシャレをしても結局だれも見ていない?

街に出るのだからオシャレをしなきゃ、と気合いを入れる人がいると思いますが、実際はだれも自分のことなど見ていなかったりします。これを「スポットライト効果」といいます。

◎「見られている」と思っているのは自分だけ

人通りの多い街中では、だれもが気どって歩いています。

他の人が自分に注目していると思っているので、少しでも格好よく（あるいはかわいく）見せたいと思うのでしょう。

けれども残念なことに、街ゆく人たちは、だれも他の人のことなど気にしていないのです。つまり、**「見られている自分」というものを意識しているのは、本人だけ**。だれもみなさんのことなど見ていないのです。

「春の新作のシャツを着て出かけよう」
「オシャレな帽子をかぶってみるのもいいかな」

このように街に出かけようとする人は、いろいろなことを考えて自意識過剰になることが多いのですが、芸能人でもないみなさんのことを気にする人は、そんなにいないのです。

いや、テレビに出ている芸能人だって、変装をしているわけでもないのに、だれにも気づかれないことはよくあると聞きます。

◎ スポットライト効果

「みんなが自分に注目しているぞ！」という悲しい思い込みのことを、心理学では**「スポットライト効果」**と呼んでいます。まるで自分の頭の上にだけ、スポットライトがあたっているかのように思い込んでしまう現象のことをいいます。

コーネル大学のトーマス・ギロビッチは、とても恥ずかしいＴシャツ（だれも知らないミュージシャンの顔写真がでかでかとプリントされたＴシャツです）を準備し、それを着てもらってしばらく歩いてもらう、という実験をしたことがあります。

恥ずかしいＴシャツを着て歩かなければならない参加者たちは、すれ違う人たちが自分に注目していると感じました。

散歩が終わったところで、「すれ違った人のどれくらいが、みなさんのＴシャツを見ていたと思いますか？」と質問してみました。すると、男性の参加者のほうが自意識過剰で、すれ違ったうちの**59%**が見ていただろう、と推測しました。女性では、**35%**の人が見ていたはずだ、と答えました。

では、実際にどれくらいの人が恥ずかしいＴシャツを着た人に注目していたのでしょうか。

歩いている参加者の後からこっそりとついていったアシスタントが、すれ違う人に出くわすたびに、「さっき、通りすぎた人のＴシャツを見ましたか？」と確認してまわったところ、なんと**24%**しか見ていなかったのです。

このように私たちは、自分のこととなると、少しばかり自意識

過剰になるらしく、みんなが注目しているような錯覚を起こしやすいのです。

　でもそれは、あくまで錯覚にすぎません。

　現実には、そんなにみなさんに注目している人などいないのですから、**それほど気どらず、気負わず、気楽にしていたらいい**のかもしれませんね。

　もっとも、オシャレをすることそのものを楽しみにしていたり、趣味にしている人は、大いに楽しんでください。

スポットライト効果

「みんなが私に注目しているわ」
と意識しているのは自分だけ

実際はほとんどだれも
気にしていない

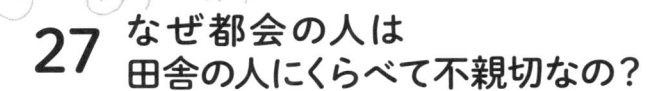

27 なぜ都会の人は 田舎の人にくらべて不親切なの？

地方から都心に出てきた人は「都会の人は冷たい」と感じる
ことがあるかもしれません。このような「何かあっても素知
らぬ顔」という現象はなぜ起きるのでしょうか。

◎ 人が多すぎる都会

ごく一般的な話をすると、田舎にくらべて、都会の人のほうが
冷たく、不親切です。

田舎であれば、困っている人がいると、通りかかった人が、「何
かありましたか？」と立ち止まってくれ、援助を申し出てくれた
りするものですが、都会では、困っている人がいても、みな素知
らぬ顔をして足早に通りすぎていきます。

なぜ、都会の人は不人情なのでしょうか。

冷血な人の集まりが都会人なのでしょうか。

いえいえ、そんなことはありません。都会の人が不親切なこと
には、ちゃんと理由があります。一言でいうと、それは「人が多
すぎるから」となります。

◎「きっと誰かがやるだろう」

どんなに困っている人がいても、周囲に他の人が大勢いると、
「まあ、自分が助けなくとも、他の人が助けるだろう」と考えて
しまうのです。周囲に誰もいない状況なら、都会の人だって助け

てくれます。なにしろ、自分一人しかいないときに助けなかった
としたら、間違いなく自分の責任になってしまいますから。

　その場に居合わせた人が多くなればなるほど、「まあ、自分が
わざわざ助けなくとも……」という気持ちになります。

　これを**「責任の拡散現象」**といいます。

　自分の責任だという気持ちになれないので、わざわざ援助の手
を差し伸べなくなるのです。都会人が決して冷たいわけではあり
ません。

◎ たくさんの人がいるから助けてもらえない

　オハイオ州立大学のビブ・ラタネは、ビル、デパート、病院、
図書館などのエレベータの中で、わざと財布の硬貨をばらまいて、
乗り合わせた人がどれくらい拾うのを手伝ってくれるかを測定し
てみたことがあります。

　エレベータ内に、他の人がいないときには、当然、大半の人が
助けてくれました。しかし、エレベータ内に乗り合わせる人数が
増えれば増えるほど、援助してくれる人は減りました。みんな、
素知らぬ顔をしてその場をやり過ごそうとしていたのです。「責
任の拡散」が起きてしまったのです。

　もしかしたらみなさんの中にも、「都会には、こんなにたくさ
んの人がいるのに、困っている私を助けてくれないのか……」と
寂しい気持ちを感じたことがある人がいるかもしれません。

　しかし、それは考え方が違います。**「こんなにたくさんの人が**

いるから」**こそ、助けてもらえない**のです。

　田舎の人は、困った人を見ると助けてくれますが、それは周囲に他の人がだれもいないからでしょう。**「自分が助けるしかない」という状況なので、助けているだけ**なのです。もし、他の人が多くいるのなら、田舎の人だって、都会の人と同じように見て見ぬふりをするはずです。

◎ 責任の拡散が起きにくくなる方法

　ちなみに、周囲に大勢の人がいるときに助けてもらいたいのなら、「責任の拡散」が起きないように、**特定の人に狙いを決めて、その人に援助を求める**といいでしょう。「そこの青いコートを着たあなた、そう、あなたです。胸が苦しいので、救急車を呼んでくれませんか?」というように持ちかければ、その人は助けてくれます。なぜなら、自分が頼まれたことは明確で、責任の拡散も起きなくなるからです。

責任の拡散現象

『だれか助けて!』だと
「ま、だれかが助けるだろう」と思われてしまう。

『あなた助けて!』だと
責任の拡散が生じにくい。

28 いい香りがあれば人は親切になる？

コーヒーのいい香りが漂ってくるカフェでは、なんとく気分がよくなってきませんか？「香り」は私たちの気分に大きな影響を与えるのです。

◎ 見知らぬ人にも親切になる場所

私たちは、いい香りのするところでは気持ちがよくなり、他の人に対して親切になりやすくなります。

前項では「都会の人は冷たい」という話をしましたが、そんな都会の人でも、見知らぬ人にも親切になってしまうような場所があるのです。それは、**いい香りが漂っている場所**です。

たとえば、カフェのテラスから、ローストされたコーヒー豆の気持ちのいい香りが漂っているお店の前なら、人は親切になるはずです。他にも、フラワーショップの前で、花のかぐわしい香りが漂っているような場所のそばでも、人は親切になるでしょう。

「うわぁ、いい匂いだなあ〜」と感じさせるような場所では、人は親切になるのです。

◎ 無臭よりも「いい香り」

米国レンスラー・ポリテクニック研究所のロバート・バロンは、街のあちこちで、紙幣の両替をお願いする、という実験をしたことがあります。

バロンが試したのは、クッキーやコーヒーのいい香りが漂うお店の前と、無臭の洋品店の前でした。それぞれの場所で、歩行者と同性のアシスタントが声をかけて、「すみません、お金の両替をしてもらえませんか？」と申し出てみたのです。すると、「いいですよ」と快く応じてくれた人の割合は以下のようになったそうです。

	▼ クッキーやコーヒーの いい香りが漂うお店の前	▼無臭の洋品店前
男性	50.3%	23.6%
女性	59.9%	15.0%

男性でも女性でも、いい香りのする場所のほうが、親切な行為をしてくれることがこの結果から明らかです。

ある会社では、エントランスの入口付近の空調から、ラベンダーの香りを出すようにしたところ、この会社に勤めている社員はもちろん、外部からやってきた人たちも、みなお互いに笑顔になり、親切が増えるという話を聞いたことがあります。

これは非常にいい工夫だと思います。**いい香りがすると、人はだれに対しても心を開いて、親切な気持ちになりやすい**からです。

少なくとも、無臭であったり、イヤな臭いのする場所にくらべたら、人ははるかに親切になるといえるでしょう。

29 「あくび」の感染力が
笑顔の2倍もあるのはなぜ？

今回の話題は「あくび」です。ということで、さっそくあくびをしている読者がいるかもしれませんね。あくびの感染力は思っている以上に強力ということがわかっています。

◎あくびは感染するもの

電車の中で、真正面に座っている人が大きなあくびをしたとします。すると、それを見た人たちが次々にあくびをする、という面白い現象を観察することができます。

学校の教室でも、一人の生徒があくびをすると、別に眠かったり、退屈しているわけではないのに他の生徒も一斉にあくびをし始めます。劇場でも、映画館でも、街のいたる所で、こういう「あくびの感染」を観察することができるでしょう。

マジメな自然科学者などは「あくび」などというつまらない現象に興味を持たないのかもしれませんが、心理学者は違います。きちんとデータをとって、「あくびの感染」を調べているのです。

◎ あくびの感染力は笑顔の2倍

あくびの感染を研究しているのは、メリーランド大学のロバート・プロヴァインです。

プロヴァインは、成人男性が30回のあくびをしているビデオを作成しました（1回6秒つづくあくびを、10秒ごとにおこなう）。

そのビデオを 5 分間見せて、どれくらい視聴者があくびをするの
かを調べてみたのです。

　すると、55％もの人がつられてあくびをすることがわかりま
した。

　あくびの感染力は、非常に強力だったのです。

　ちなみに、私たちは、笑っている人を見ると、つい自分もつら
れて笑ってしまうことがあります。これは「笑顔の感染」と呼ば
れています。プロヴァインは、こちらについても同様の手続きで
調べてみたのですが、笑顔を見せている人につられる割合は 21
％でした。あくびが 55％だったことからすると、**あくびの感染
力は、笑顔の感染力より 2 倍も強い**といえるのです。

　また、プロヴァインは、他人のあくびを見せられるだけでなく、
ただあくびの話をしているだけで、あくびが誘発されることも指
摘しています。どれだけあくびの感染力は強力なのでしょうか。

これを読んでいるあなたも、
あくびを連発していませんか？

◎ あくび対策

基本的なマナーとして、あくびは人前ではしていけないことになっています。

それがエチケットですね。

とはいえ、もし他の人のあくびを見せられでもしたら、おそらくはあくびがしたくなってどうしようもなくなると思います。法事や結婚式のような、あくびはしていけない状況で、他の人のあくびを観察したときには気をつけてください。

それでも、講義中や退屈な社長の訓示を受けているときにあくびがしたくなってしまったときには、**口で呼吸するのではなく、鼻呼吸をするといい**でしょう。

鼻呼吸には脳みそを冷やす効果がありますので、少しは眠気も吹き飛んで、あくびが出なくなります。鼻呼吸している人ほど、あくびが出ないというデータもありますから、ぜひお試しください。

鼻呼吸で
あくびを予防しよう

第4章
『お金・買い物』
の心理学

30 株価は晴れた日に上昇する？

私たちはいろいろなことに心理的な影響を受けるものですが、「天気」もそのひとつでしょう。そしてその心理が大きく作用するのが「株価」です。つまり天気と株価は関連するのです。

◎ 心理は天気の影響を受ける

私たちの心理は、その日の天気によって影響を受けます。

まあ、これはどなたにも経験があるでしょう。晴れた日には、自然と気分がウキウキしてくるものですし、天気の悪い日には、気分も盛り上がりません。

ところで私は、心理学者であって株の専門家でも何でもありませんが、「ある手がかり」だけで株の売り買いをすることができます。しかも、このやり方でけっこうお金儲けもできるんじゃないかと密かに思っています。

それが「天気」です。ばかげていると思われるかもしれませんが、このことを研究した心理学者がいます。

◎株価は天気しだい？

心理学者というのは、本当にいろいろなことに興味関心を持って、何にでも首を突っ込んでいくタイプが多いのですが、オハイオ州立大学のデビッド・ハーシュレイファーという心理学者もその一人でした。

　株価とか景気というものには、人間の心理が大きく反映されるものですが、**「天気がいい日には、だれもが浮ついた気持ちになるので、株価は上がるんじゃないか」**とハーシュレイファーは仮説を立ててみたのです。

　そして 26 か国における 1982 年から 1997 年までの株価データと、それぞれの国の朝の天気を調べてみました。

　すると、まさしく**晴れの日には、株価が上がることがわかった**のです。

　株の原理というのは非常にシンプルで、安いときにたくさん買って、高いときに売れば儲かるわけですから、売るのなら晴れた日のほうがいい、ということが心理学的にいえるわけです。

株価は晴れた日に上がりやすい

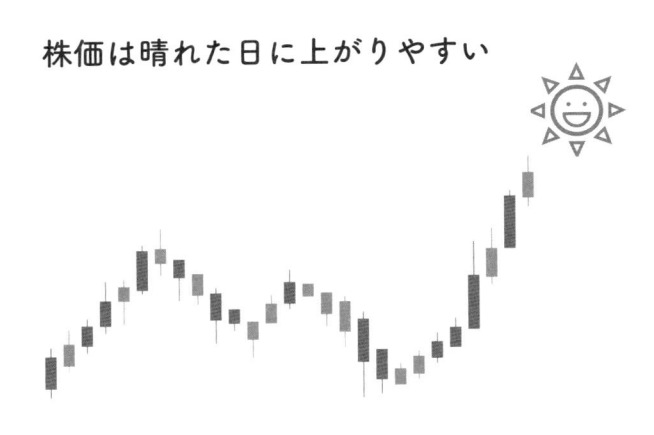

・株価の動向は「気分」に左右される
・売るなら晴れた日がいい？

◎「晴れ」以外の法則性は見られない

では、他の天気ではどうなのでしょうか。晴れの日と同じような、何らかの関連性があったのでしょうか。

残念ながら、そちらのほうは確認されませんでした。ハーシュレイファーの研究によると、**雨が降っていたり、雪の日だからといって、株価が逆に下がるのかというと、そんなこともなかった**のです。

今のところ、株価が上がるほうについては、天気だけから予想できるのですが、下がるほうについてはまだ予想できないようです。

私自身は、株をやろうとはあまり思わないのですが、もしこれから株をやろうという人がいらっしゃいましたら、天気によっても株価は影響を受けるのだということを覚えておくといいかもしれません。

31 ファストフード店のそばに住むと貯蓄ができない?

> 欲しいと思ったものを次から次に購入していたら、当然ですが貯蓄はできません。普通は「我慢する」わけですが、我慢のしやすさは地域によって違います。

◎ いつの間にかお金がなくなっている人たち

貯蓄ができる人とできない人の違いはどこにあるのかいうと、「日ごろの金づかい」にあるといえるでしょう。毎月知らない間にお金がなくなっている、という人は、衝動的に欲しいと思ったものを買い、お金をつかってしまってしまっていることが多いのではないでしょうか。

その「金づかいの荒さ」は、実は住む場所に影響されることがわかっています。

◎ 我慢強さと金づかい

カナダにあるトロント大学のサンフォード・ディボーは、世界30か国において人口当たりのマクドナルドの店舗数と、家計の支出についての関連性を調べてみたことがありました。

その結果、何がわかったかというと、**「マクドナルドの店舗が多い地域に住む人ほど、金づかいが荒い」**ということがわかったのです。

ファストフード店では、手軽に食欲を満たすことができます。

そのため、ファストフードに慣れた人は、即時的に自分の欲求を満たすことに慣れていきます。言い方を換えると、**「我慢強さのようなものが、できなくなっていく」**といえるわけです。欲しいものがあればすぐに買うという行動パターンが身についてしまい、金づかいもどんどん荒くなってしまうのです。

ディボーは、マクドナルド以外のファストフードについても調べてみましたが、やはり同じでした。**ファストフード店がたくさんある地域に住む人は、少ない地域に住む人にくらべ、あまり貯蓄ができない**ことがわかりました。彼らは、欲しいものがあると、我慢できずに買い物をしてしまうのです。

◎「不便」が我慢を強いる

家の周りに、コンビニやデパート、ファストフード店など、手軽に買い物ができる環境が整っていたら、どうしても金づかいが荒くなるに決まっています。我慢する必要などないわけですから。

その点、近所に買い物をしたり、食事をしたりする場所がなければ、不便かもしれませんが、お金を使うこともできません。**わざわざ遠くにまで買い物に出かけなければならないとすると、人は億劫になって、我慢する**でしょう。したがって、はからずも我慢強くなり、貯蓄もできるようになるのです。

◎ 本当のお金持ちは田舎に住む？

そういえば、本当のお金持ちは、高級住宅街のようなところには住まず、郊外や田舎に住む、という話を聞いたことがあります。

　都市部には、あれやこれやの誘惑がたくさんあります。

　そういうものが身近にあれば、どうしても買い物をしたくなってしまいます。これでは、お金は貯まってゆきません。

　その点、欲しいものがあまり目につかない田舎に住んでいれば、余計なお金を使わずにすみます。お金持ちはそれをわかっているので、田舎暮らしを好むというのです。

　ただし、最近は、田舎に住んでいてもインターネットで簡単に買い物ができるような社会環境になってしまいました。**ネットショッピングでポンポン買い物ができるようになってくると、やはり人は「我慢する」ことができなくなり、貯蓄するのも難しくなるのではないか**、と私などは予想しています。

便利だと なかなか貯蓄できない

多くの誘惑に流されないようにしよう

32 衝動買いを減らすにはコツがいる？

後々考えるとなんで買ったのか、なぜ欲しいと思ったのかわからない、という買い物経験は誰にもありそうです。でもこれからは大丈夫。衝動買いを防止する手立てがあるのです。

◎ 欲しいものを手に入れたのに後悔する衝動買い

欲しいものがあると、どうしても欲しくなってしまってすぐさま購入してしまうことを、「衝動買い」といいます。

欲しいものが手に入るのですから、本来は嬉しいことであるはずなのに、衝動買いをして後悔する人は後を絶ちません。「なんで、こんないらないものを買ってしまったんだ！」と後悔してしまうのです。

衝動というものは、コントロールできるものなのでしょうか。

人間は、衝動や欲望に振り回されるしかない操り人形のような存在なのでしょうか。

いえいえ、そうではありません。ちょっとしたコツを知っていれば、自分の衝動を簡単にコントロールすることができます。

「私は生まれつき、自制心がないから」

「私は、我慢強くないから」

という人でも簡単にできる、とっておきの方法をお教えしましょう。

◎ 距離を置く

それは、誘惑を引き起こす対象から、ほんの少しでもいいので**時間的・空間的な距離を置く**ことです。

これはテンプル大学のジョージ・アインスリーが提唱している衝動コントロール法なのですが、**目の前に誘惑を引き起こす対象があるから、衝動が高まるのであって、目につかないところに対象を移動させる、あるいは自分自身が移動してしまえば、衝動を消滅させることができる**のです。

たとえば、目の前においしそうなチョコレートケーキが置かれていたら、食べたくて食べたくてしかたありません。ですが、そのケーキを戸棚や冷蔵庫に隠してしまえば、食べたいという欲求を抑制することができます。

デパート内を歩いているとき、どうしても洋服やアクセサリーが欲しくなってしまったとしたら、とにかくショーケースから離れ、できればお店から出てしばらく散歩でもしてみてください。**欲望の対象から、とにかく一時的にでも、離れてしまえば、我慢するのはそんなに難しくありません。**

◎ 衝動は長続きしない

どんなに欲しいものがあっても、その場で買ってはいけません。「とりあえず明日、もう一度買いに来よう」と考えて、いったんはその場を離れることをおススメします。翌日になれば、もうその商品など欲しくなくなっているかもしれないからです。

人間の衝動は、ものすごく強烈だと思われていますが、実はそ

んなに長続きするものでもありません。いったんその場から離れてしまうと、そんなに我慢する意識を持たなくとも、衝動をコントロールすることができるのです。

衝動買いを防ぐコツ

時間的・空間的な距離を置こう

『待つ』

その場ですぐ買わない
（時間を置いてから再検討してみる）

『隠す』『距離を置く』

目に触れないようにする

→ 衝動は思っているほど長続きはしないもの
　上手に対策をしてみましょう

33 「つぶやき」を見れば
お金持ちになれるかわかる?

> 人の考え方は言葉に出てきます。つまりその人の発言や言葉
> グセを追っていけば、考え方が見えてくるのです。そして考
> え方がわかれば、お金持ちになれるかどうかも見えてきます。

◎ 人の考え方は言葉に出る

お金持ちになれる人と、お金持ちになれない人では、モノの考え方が違います。お金持ちになれる人は、いつどんなときでもお金持ちになれるような独特のモノの考え方をしているようなのです。

そして、**人間の考え方というのは、その人の発言や言葉グセなどに如実に反映されます**。したがって、その人がどんなことを口に出しているのかを調べれば、お金持ちになれる人なのかどうかの心理予想まで立てられるのです。

◎ お金持ちは発言がポジティブ

カナダにあるケープ・ブレトン大学の**スチュワート・マッカン**は、「ツイッターを使って、その人がどんな "つぶやき" をしているのかを調べれば、その人がお金持ちになれるかどうかも、ある程度は判断できるんじゃないか」と考えました。

さっそくマッカンは、14万人を超える人のつぶやきを分析してみました。その人のつぶやきの内容がポジティブなものなのか、

それともネガティブなのかを分類する一方で、その人の社会的・経済的地位を調べてみたのです。社会的・経済的地位というのは、その人がお金持ちかどうかの指標のひとつだと考えられます。

では、どんな結果がわかったのでしょうか。

なんと、**社会的・経済的な地位が高い人、すなわちお金持ちほど、つぶやきの内容もポジティブ**でした。

**お金持ちの思考はポジティブで
それが発言や言葉にあらわれる**

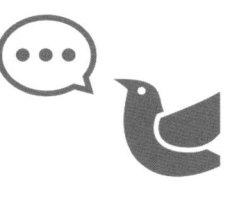

たとえば

「今日はとても素晴らしい一日だ！」
「私は、なんて幸せ者なんだろう！」
「世界がバラ色に見える！」

こんな感じのことばかりつぶやいていたのです。

それとは対照的に、**社会的にも、経済的にもステータスの劣る人たちはというと、愚痴やら文句やら不満など、ネガティブなことばかりつぶやいていた**のです。彼らは、「ぼやいて」ばかりだったというわけです。おそらく、頭の中も、ネガティブな考えでいっぱいなのでしょう。

◎ お金持ちの思考法

お金持ちだって、体調がよくない日もあるでしょうし、やる気が出ない日だって、あるはずです。世の中には善人ばかりではありませんから、ムシャクシャするようなことだってあるでしょう。

それでも、そんなときにでも**物事のポジティブな側面を見つけ、楽しんだり、喜んでしまうような思考プロセスをとっている人**ほど、お金持ちになれます。

たとえば、嫌な人に出会ったときでさえ、「この人は私にとっての反面教師になってくれる。なんてありがたいんだろう」と**感謝してしまうのが、お金持ちの思考法**だといえるかもしれません。

お金持ちになりたいのであれば、不満ばかり口にするのではなく、ポジティブなことだけを考えて口に出すようにするのがいいでしょう。

34 品ぞろえは少ないほうが 気楽に買い物をしてしまう？

コンビニは行くとついつい余計なものまで買ってしまいませんか？ それだけ商品を選びやすい棚になっているからですが、その秘密は「品ぞろえが少ない」ことにあります。

◎ 品ぞろえが豊富だと売上が落ちる？

スーパーやデパートの経営者は、なるべく数多くの商品を並べようとします。品ぞろえが多いほど、お客さんに喜ばれて、売上が伸びると考えてのことでしょう。

けれども、みなさん自身がお客の立場だったとして考えてみてください。

たとえばベビーカーでも洋服でも何でもいいのですが、何十種類もの商品がズラリと並んでいると、「どれを買えばいいの？」と悩んだりしませんでしょうか。

あまりに品ぞろえが豊富すぎると、嬉しいというより、むしろ**どれに決めていいのかわからなくなってしまい、結局は、「買わない」という選択をするのではないか**と思います。

かくいう私も、先日、家電量販店に出向いてパソコンを買い換えようと思ったのですが、結局は、どれにしていいのかわからず、面倒くさくなってきて帰ってしまいました。

消費者は、品ぞろえが多すぎると、どうも「買わない」を選ぶようです。

◎ たしかに興味はひくが……

コロンビア大学のシェーナ・アイエンガーは、とあるスーパーマーケットでこんな実験をしてみました。

オーナーにお願いしてジャムの試食コーナーを設置させてもらったのですが、そこにあるときには 6 種類のジャムを並べ、別のときには 24 種類のジャムを並べてみたのです。

6 種類のジャムを並べたとき、立ち止まってくれるお客は 40％。そして買ってくれたのは 30％でした。

ところが 24 種類のジャムのときは違いました。立ち止まってくれるお客は 60％と、6 種類のジャムを並べたときよりも多くなりました。「おっ、たくさんの種類があるな！」ということで興味をひかれたのです。

ところが最終的に買ってくれたお客はというと、わずかに 3％。6 種類のジャムのときにくらべて 10 分の 1 しか買ってくれなくなってしまったのです。

品ぞろえが豊富すぎても選べない

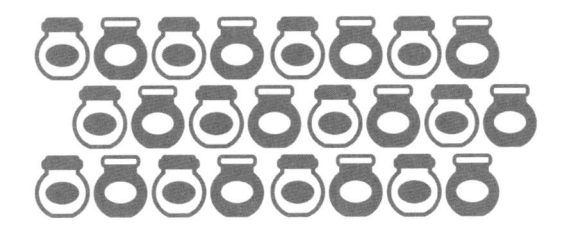

「品ぞろえが豊富なほうが、お客さまも喜んでくれるだろう」というのは大間違いでして、むしろ、**品ぞろえなどそんなに多くないほうが、お客としても決めやすく、ありがたいというのが本当のところ**なのです。

◎ コンビニが買い物をしやすい理由

コンビニでは、ふらっと立ち寄って、欲しい物を見つけて、レジを通過するまで、ずいぶんと短い時間で買い物をしていると思いませんか。それは品ぞろえが少ないからです。

同じカテゴリーの商品は、せいぜい２つか、３つくらいの商品しか並べていません。店舗面積がそんなに広くないということもあるのでしょうが、ロウソクや懐中電灯などはせいぜい１つ、２つでしょう。

ところが、お客の心理からすれば、それでも十分に満足できるのです。別にたくさんのロウソクを比較して買いたいとも思っていませんから。

お弁当にしてもお総菜にしても、コンビニの品ぞろえはスーパーにくらべてはるかに限定的です。でも、だからこそ、私たちは「ラクに選べる」わけです。

品ぞろえが多いことは、かえってお客をうんざりさせてしまい、「買わない」を選ばせてしまう危険性がありますから、あまり多くの商品を並べないのが正解なのかもしれませんね。

35 怪しげな広告で紹介されている商品は効果があるの？

> 私たちの身の回りにはいろいろは広告があり、様々な商品が紹介されています。なかでも、見るからに「怪しい商品」というのがありますが、本当に効果はあるものなのでしょうか。

◎ 暗示の効果？

雑誌の裏などに、なんだか怪しい商品がズラリと並んだ広告を見たことはありませんか。

「3 日間で、英単語を 3000 語マスターする記憶力アップ術」ですとか、「悩みをスッキリ解消する自己啓発 DVD」ですとか、「運気を高めるブレスレットやネックレス」ですとか、いろいろありますよね。

そういう商品は、本当に効果的なのでしょうか。

なんだか胡散臭い雰囲気がぷんぷんしますけれども、結論から言うと、「少しは効果がある」といえるかもしれません。

しかし、それは商品自体にそういう本質的な効果がある、というよりは単なる本人の思い込み。つまり、**本人の思い込みによる暗示の効果はある**、ということです。

「さあ、○○の商品が手に入った。これで私も頭がよくなるはずだ！」と本人が強烈に思い込めば、自己暗示によって、本当に頭がよくなってしまうことはあるのです。

◎ デタラメなものでも効果あり？

ワシントン大学のアンソニー・グリーンワルドは、ポスターや新聞などで心理実験に参加してくれる人を募集しました。すると288名のボランティアが集まりました。

グリーンワルドは、そのうちの半分に、自尊心を高めるという触れ込みのテープを手渡し、5週間に渡って毎日聞いてもらうことにしました。残りの半分には、記憶力を高めるという触れ込みのテープを渡して、やはり5週間に渡って聞いてもらいました。

さて、5週間が経ったところで、参加者にはもう一度集まってもらい、「テープは実際に効果がありましたか？」と尋ねてみたのです。

すると、50％が「その通りの効果があった！」と答えてくれたのです。このデータからすれば、市販されている自己啓発テープは本当に効果的だったといえるかもしれません。

しかし、この研究の面白いところはここからです。

実は、グリーンワルドはそれぞれのテープのラベルを前もってこっそり交換していたのです。

つまり、「自尊心が高まる」というテープの中身は、実際には「記憶力を高める」テープの中身だったのです。記憶力を高めるテープのほうはその反対でした。

つまり、**まったくデタラメなテープを聞いていたはずなのに、なんと50％もの人が「たしかに効果はあった！」と言っていた**ことになります。

たとえデタラメでも
思い込むだけで効果が出る

実際は
「記憶力を高める」
テープだった

実際は
「自尊心が高まる」
テープだった

→ 50％の人が「効果があった」と回答

◎ 気の持ちよう？

　この研究からわかると思うのですが、結局は、自己暗示なのです。

　怪しげな商品にも、それなりの効果はあると思いますが、それは自分でそう思い込んでいるからにすぎません。

　幸運を引き寄せるネックレスは、実際に幸運を引き寄せてはくれませんが、「自分は幸運な人間になったのだ！」と信じ込んだ人は、本当に幸運を引き寄せてしまうかもしれません。それがネックレス自体の効果によるものだと、本人が勘違いしているだけなのです。

　もちろん、私はそれらの商品をすべて否定しているわけでは全然なく、本人がその商品を購入することによって、人生を有意義に過ごせるようになれるのであれば、お守りやお札などと同じように、本人にとってはありがたいものなのだろうと思っています。

36 人は価格でも品質でも「真ん中」のものを好む？

> あなたが買い物をするとき、価格が高いもの、低いもの、中間のものがあったら、どれを選ぶでしょうか。なんとなく無難に、「真ん中」を選んでいないでしょうか。

◎ 松・竹・梅なら選ばれるのは「竹」

みなさんがランチに出かけると、価格の高い順から「松・竹・梅」というセットメニューがありました。おススメのセットらしいので、その中からひとつを選ぶことにしました。

では、どのセットを選ぶでしょうか。

心理学では、こういう状況のとき、**大半の人は、真ん中の「竹コース」を選ぶだろう**と予想します。私たちは極端に高いものや、極端に安いものを避けて、真ん中くらいのものを好ましいと感じる心理があるからです。

◎ 真ん中を選ぶ確率は約6割

価格でも、品質でも、とにかく真ん中のものが選ばれやすいという傾向は、**「ゴルディロックス効果」**と呼ばれています。イギリスの童話『ゴルディロックスと三匹のクマ』という物語に出てくる少女のゴルディロックスが、熱すぎず、冷たすぎず、ちょうどいい温かさのスープを好んだ、というお話から名づけられた心理学用語です。

買い物をするとき、たいていのお客は真ん中を選びます。

ノースウェスタン大学のアレクサンダー・チャーネフは、コードレスホン、ワイン、日焼け止めなど数多くの商品のパンフレットを用いて、類似の3商品のうちから、どれかひとつを選ばせるという実験をしたことがあります。

すると、商品のカテゴリーによって多少のバラつきはあったものの、だいたい57.1％から60.1％の確率で、「真ん中」のものが選ばれることが判明しました。極端に高いものや、安いものは、なぜか選ばれにくいのでした。

私たちは、**選択肢が3つあると、その本質的な価値とはまったく無関係に、真ん中の選択肢にひきつけられてしまう**ようです。じっくり考慮すれば、価格が高いものを選んだほうが合理的であるときでさえ、やはり真ん中を選びたくなるのです。

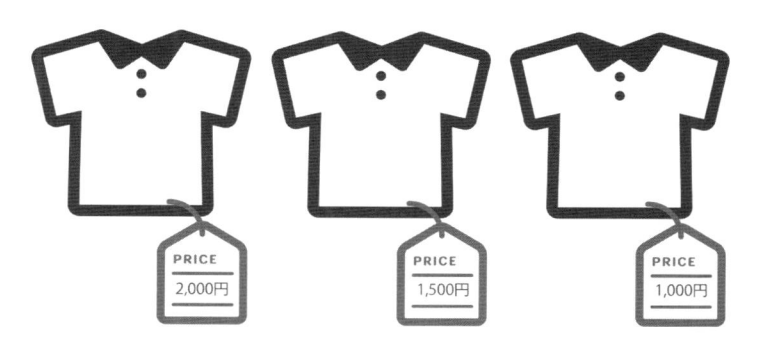

本質的な価値に関係なく
《真ん中である》
という理由だけで選んでしまうことが多い

◎ 美人すぎてもモテない

そういえば、恋人選びにおいても、同じような傾向が見られます。

モデルのように極端な美人やハンサムのほうが、なんとなくものすごくモテそうな気がしますが、実はそうではありません。極端にブサイクな人が敬遠されがちなことは、まあ、もっともなことだと納得できますけれども、**顔だちが整いすぎている人も、やはり同じように敬遠されてしまう傾向**があります。

顔だちでいうと、一番モテるのは平凡な顔だちの人。これを心理学では、**「平均顔効果」**などと呼んだりします。普通の顔のほうが、見慣れていて、落ち着くのでしょうか。

◎ 商売に応用する

ちなみに、人は「真ん中の選択肢を選びやすい」という法則を知っておくと、いろいろと商売に応用できるかもしれません。

たとえば、1500 円の商品と 1000 円の 2 つの商品が手元にあり、1500 円の商品をたくさん売りたいのなら、私ならあえてそこに **2000 円の「おとり商品」を並べておく**でしょう。そうすれば、2000 円の商品はさっぱり売れないでしょうが、本命である 1500 円の商品をたくさん売ることができるからです。心理学の法則を知っておくと、こんなところにも応用がきくのです。

37 「ダイエット・フード」はいくら食べても満腹にならない？

カロリーや糖質を気にして、食事制限中の人もいるかもしれませんね。ところで、もし「ダイエット・フード」を食べているなら、食べすぎに注意する必要があるかもしれません。

◎ ヘルシーフードは「物足りない」

読者のみなさんは「ヘルシーな食べ物」や「ダイエット・フード」について、どんなイメージを持っていますか。

おそらく分量が少なくて、カロリーも控えめ、といったイメージを持っているのではないでしょうか。

そのため、ヘルシーな食べ物は、いくら食べても、「なんとなく物足りない」と感じてしまうのではないかと思います。本人が「少ない」と思い込んでいると、実際にはそんなことがなくとも、やはり「足りない」と感じてしまうものなのです。

◎ 同じものでも空腹度が変わる

シカゴ大学の**ステイシー・フィンケルスタイン**は、大学生 51 名に声をかけ、お菓子の試食をしてもらうという実験をしてみました。

チョコレート・ラズベリーのお菓子を用意しておいたのですが、パッケージの一部に手を加えておきました。ひとつには「ヘルシー」（ビタミンと食物繊維がたっぷり）と書かれており、もうひと

つには「テイスティ」（とても甘くておいしい）と書かれていたのです。ただし、中身はまったく同じ成分で、どちらも 12 グラム、50 カロリーでした。

食べ終わった学生に対し、「あなたは今、どれくらい空腹ですか？」と 7 点満点で尋ねてみました。

すると、「テイスティ」というパッケージで食べたグループでは 3.76 点と空腹度を答えたのに、「ヘルシー」というパッケージで食べたグループでは 5.12 点でした。

ヘルシーと書かれたお菓子を食べたグループは、食べた直後だというのに、まだまだ空腹を感じていた、ということがこの実験結果からわかります。7 点満点で 5.12 点というのは、かなりの空腹度だといえるでしょう。

◎ たくさん食べてしまう？

「ダイエットをしたいから、ダイエット・フードを買おう！」というのは、ごく当たり前の発想だと思うのですが、それはちょっと待ったほうがいいかもしれません。

おそらくダイエット・フードを食べても、そんなに満腹になることはないので、**よりたくさん食べてしまう可能性**があります。「ダイエット・フードなんだから、少しくらい多く食べたって大丈夫だろう」と思っていたら、かえってカロリーを摂取しすぎてしまうこともあるでしょう。

「ダイエット・フードだから」といって、普通の食事の 2 倍も 3 倍もの量を食べていたら、余計に太るに決まっています。

このように、**「ヘルシー」とか、「ダイエット」と書かれていると、それだけで人は物足りなさを感じてしまう**ようで、その分、たくさん食べてしまう危険性があるわけです。

そんなことになるくらいなら、最初から普通の食事を少し控えめにしたほうがいいといえるかもしれません。

まったく同じ食べ物でも 「ダイエット・フード」なら満腹にならない

食べすぎには注意しましょう

38 「見てはいけない」
「やってはいけない」は逆効果？

> 「R-18 指定」や、「お酒やタバコは 20 歳から」など、やって
> はいけないといわれるとかえって興味がひかれるものです。
> 「1 日 10 食限定」なども同じ原理で注目してしまいます。

◎ カリギュラ効果

一部の映画や DVD は、子どもには悪影響があるとして販売が
禁止されています。一部のゲームにも、「残虐なシーンがあります」
という警告文が載せられています。

さて、これらの禁止や警告なのですが、実のところ、逆効果な
のではないかと心理学的には考えられるのです。なぜなら、私た
ちは**禁止されればされるほど、興味をひかれてしまう**ものだから
です。これを **「カリギュラ効果」** といいます。

◎ かえって興味をひくことに

かつてイタリア・アメリカ合作映画で『カリギュラ』という映
画が作られたことがありました。ローマ皇帝カリグラの残虐ぶり
を描いた映画でしたが、ボストンなどでは残虐シーンやセックス
シーンが過激すぎるということで、上映が禁止されたのです。

ところが、かえって大きな話題になってしまい、ボストンから
わざわざ隣町に見に行く人が続出し、結局、ボストンでも上映さ
れることになりました。ここから、「禁止されると、かえって興

味をひく」という現象をカリギュラ効果と呼ぶようになったのです。

　たとえ内容がそんなに面白くなくとも、「禁止」という警告がなされただけで、私たちはかえって興味を持ってしまうことがあります。子どもはなおさらでしょう。

◎ 私たちは天邪鬼

　ミシガン大学のブラッド・ブッシュマンは、900名の子どもたちにいろいろなテレビ番組表を見せて、「どの番組を見たい？」と尋ねる実験をしたことがあります。その結果、「警告ラベル」のついている番組のほうが、ついていない番組よりも、子どもたちは「この番組を見たい」という気持ちを強めることが確認されたのです。

　私たちには、天邪鬼なところがあって、禁止されるとかえって興味をひかれてしまうのです。

　蛇足ながら、青少年向けのドラッグ防止キャンペーンなども、私などは本当に効果的なのかどうかと疑問視しています。**「軽い気持ちでドラッグをやってはいけません」というキャンペーンをすればするほど、かえって軽い気持ちでドラッグに手を染める若者を増やす結果にならないのだろうか**、と心配です。

◎ あえて売らない

　カリギュラ効果は、マーケティングの戦略としても利用することができます。

禁止すればするほど人は興味を持つのですから、「売ろう」とするのではなく、**あえて「売らないよ」と言えば言うほど、かえってお客はやってくる**と予想できます。

　たとえば、「1日10杯限定のラーメン」とか「1日100個限定のパンケーキ」というお店は、「それ以上は売らない」といっているわけですが、かえってお客をたくさん呼び込みそうです。あえて品薄状態をつくり出すのも、買いたくとも買えない状態を作りだすわけで、やはり一種のカリギュラ効果を狙ったマーケティング戦略だと考えられます。

　会員制のレストランや高級バーなども、「他の人の入店禁止」というカリギュラ効果を狙った方法です。

カリギュラ効果
「禁止」されると、かえって「注目」してしまう

「見てはいけない」
↓
見たくなる…

「開けてはいけない」
↓
開けたくなる…

「1日10杯限定」
（10杯しか売らない）
↓
食べたくなる…

第5章
『メディア・よのなか』の心理学

39 「新聞は読まない/ニュースは見ない」が正解？

> いつ見ても、ニュースや新聞ではひどい事件や事故、災害や不祥事があふれています。マスコミは読者や視聴者の気をひく必要があるからですが、気分は滅入ってしまいます。

◎ 新聞もテレビも、ネガティブなニュースばかり

　私は、新聞を読みません。テレビのニュースもあまり見ません。なぜなら、新聞にしろ、テレビにしろ、事件、災害、事故、犯罪、といったネガティブなニュースばかりを報道しているからです。

　「日本の教育が悪い」「日本の政治が悪い」「金儲けばかり考える企業が悪い」「環境を考えない消費者が悪い」などなど、とにかく悪口ばかり聞かされていたら、気分が滅入ってどうしようもありません。なので、私は新聞やテレビを見ないようにしています。**わざわざ気分が悪くなるようなニュースを見る意味がわからない**からです。

　マスコミは、なぜかネガティブなことばかり報道したがります。

　それは、そのほうが**読者や視聴者の気をひくことができる**ためです。

◎ ネガティブな見出しのほうが注目される

　メリーランド大学のジョン・ニューハゲンは、数多くのテレビのニュースを調べ、**ネガティブな見出しのほうが注目されやすい**

ことを確認しています。

　新聞社にしろ、テレビ局にしろ、営利目的ですから、なるべく多くの読者や視聴者を獲得せねばならず、そのためにはだれもが興味を持ちやすいネガティブな出来事を報道しようという姿勢はわかります。

　けれども、そんなニュースばかりに接していたら、気分が悪くなってしかたありません。政治家についての悪口や、最近の若者はダメだ、といった論調のニュースには、私はもう飽き飽きしてしまいました。

◎ ネガティブな情報には接しない

　毎日を楽しく暮らしたいのであれば、**ネガティブな情報には接しないようにすればいい**のです。そういうものを見たり、聞いたりしなければ、気分よく暮らせます。

　米国マサチューセッツ州にあるブランダイス大学のデレック・アイサコウィッツによると、楽観性テストで高得点をあげる人は、あえてネガティブな情報を見ないようにしているそうです。無意識的に、そういう情報を避けているのですね。

　楽観的な人が、いつでも楽観的でいられるのは、自分の気持ちを落ち込ませるような情報に接しないようにしているから。これは非常に利口な方法だと思います。

　悲観的な人は、ネガティブな情報ばかり仕入れようとするので、悲観的になってしまうのです。あえてそういう情報をシャットア

ウトするようにすれば、そんなに悲観的になることもなくなると思います。

◎「社会人として必要」は本当か？

「社会人になったら、新聞くらい読まなければダメだ」とか「ニュースくらい見なければダメだ」とはよくいわれるものの、それは本当のことなのでしょうか。私はほとんどニュースを見ませんが、まったく何の痛痒も感じません。むしろ、気分が悪くならずにすんでいいとさえ思っています。

新聞やテレビだけでなく、書籍でもそうです。

気分が落ち込むような内容の本よりも、自分が勇気づけられるような、読んでいて楽しい気持ちになれるようなものを読むようにしたほうが、性格的にも楽観的でいられます。

**興味をひくことで
商売をするマスコミだが**

事件・事故・犯罪・災害・不祥事
批判・避難・誹謗・中傷・・・

ついつい興味をひかれてしまうが
ポジティブなニュースは少ない

ネガティブな情報に接しなければ
気分はもっと楽観的になれる

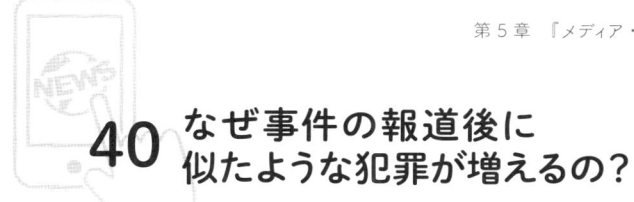

40 なぜ事件の報道後に 似たような犯罪が増えるの？

ある犯罪事件が大きく報道されると、不思議と似たような事件がつづくことがあります。これは「テレビの影響」が思いのほか強く、真似をしようと感化される人がいるからです。

◎ 犯罪が成功すると英雄扱いされる？

犯罪事件などがメディアで大々的に報道された後は、しばらく気をつける必要があります。なぜなら、**同じ事件を真似しようとする人が増える**からです。いったん犯罪が起きると、似たような事件が立てつづけに起きやすいのです。

インディアナ大学の**ロバート・ホルデン**は、米国内で発生したハイジャック事件について調べてみました。

ホルデンは、ハイジャックが成功した事件 78 件と、失敗した事件 38 件を調べてみたのですが、特にハイジャックが成功すると、その後にはハイジャック事件が増加することが明らかにされたのです。

ニュースで犯人が取り上げられるとき、特にそれが成功したりしてしまうと、英雄のように扱われます。そのため、それを見た人が、同じことを真似しようとするのです。ちなみに、ハイジャックが失敗したときには、「やっぱり悪いことはできないね」ということで、模倣犯罪は増加しませんでした。

私たちは、メディアの影響を受けますから、事件や事故が起きた後には注意が必要なのです。

◎ 報道されたことと似たようなことが連続する

　電車内での痴漢が増えているという報道がなされると、その後はやっぱり似たような痴漢の事件が続きますし、飛行機事故の報道がなされると、なぜか飛行機事故が連続します。コンビニ強盗の報道がなされれば、似たような強盗事件がよく起きます。

　また、有名人の自殺などが報じられたときにも、自殺がつづくことが知られています。こちらのほうは**「ウェルテル効果」**という名前がつけられています。

　かつて文豪ゲーテが『若きウェルテルの悩み』という本を書きました。主人公のウェルテルが自殺をするというお話なのですが、この本が出版されると、その後に若者の自殺が相次いだのです。

　そのため、**メディアで自殺報道がなされると、その後しばらくは自殺が増えてしまうという現象のことを「ウェルテル効果」と呼ぶ**ようになったのです。

◎ テレビの影響は思いのほか大きい

　私たちがテレビを見るときには、そんなに影響を受けていないものだと思ってしまうものです。ところが、知らないうちに影響されている、ということはよくあります。

　ですから、犯罪や事故などが起きたときには、「自分には関係がないや」と思うのではなく、**「私のまわりにも、そういう危険**

があるかもしれないぞ」と身を引き締めておいたほうがいいのです。周辺に事件を真似しようとする人がいないとも限らないからです。

「君子危うきに近寄らず」といいますが、犯罪や事故報道がなされた後には、あまり夜遅くに外出するのをやめるとか、暗い通りを歩かないとか、防犯対策をしっかりやっておく必要があるでしょう。

君子危うきに近寄らず

教養ある人格者は行動を慎み
危険な事柄には近寄らない

模倣犯には注意しよう

41 「不都合な真実」は正直に認めたほうが面倒がない？

> 企業の不祥事というのはなかなかなくなりません。いつも似たような謝罪会見がおこなわれ、事実が隠蔽されていたというケースも多いものです。隠すことは得になるのでしょうか。

◎ 不祥事が明るみに出るのは内部告発が多い

　最近、企業の不祥事がまことに多くなっているような印象を受けます。たいていの不祥事というものは、内部告発などで明るみに出ることが多く、自分たちのほうから積極的に公表する、ということはあまりありません。

　「臭いものにはフタをしろ」という言葉がありますが、企業にとって不都合な事実を隠すのは、まったく百害あって一利なしだと思うのです。しかし、実際はなかなか公表してくれません。

　悪いことをしていることが明るみに出てから、「すみませんでした」と謝罪しても、私たちは許す気になれませんよね。誠意がないというか、本気で謝っているのかわからないため、許す気にもなれないのです。

　このような不都合な事実は、さっさと白状してしまったほうが、隠し事をつづけるよりも、はるかに精神的にもスッキリするでしょう。その上、信頼されるというデータも実際にあります。

◎ 正直に認めるほうが面倒なことは減る

2001 年にミシガン大学病院では、医療ミス公表プロジェクトというものを立ち上げました。医療ミスをしたら正直に認め、ミスの原因を患者に説明し、補償を申し出るようにしたのです。

この公表プロジェクトを調査した**アレン・カチャレア**によりますと、プロジェクトがスタートする前の 6 年間では、医療事故を巡る訴訟が、平均すると年間に 39 件ありました。ところが公表するようにしたところ、これが年間 17 件に減ったのです。

医療ミスを公表しないときには、医療訴訟も多かったのです。患者としては、納得がいかなくて、すぐに裁判に持ち込んだからでしょう。

ところが、**公表するようにしたら、半分以下に訴訟が減った**のです。これは大学病院側からすれば、とてもありがたいことでした。

また、かりに訴訟にまで発展したとしても、和解するまでに要する時間も 30％も短縮することができました。公表する前は、平均して 1.36 年かかっていたのですが、これが 0.95 年になったのです。

医療ミス公表後

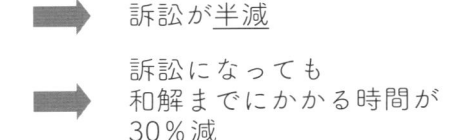

➡ 訴訟が<u>半減</u>

➡ 訴訟になっても
和解までにかかる時間が
<u>30％減</u>

◎ いつかはバレるもの。それなら……

結局、自分にとって不都合なことでも、**素直にそれを公表して しまったほうが、後々面倒が少ない**、ということがわかります。

「これはバレるとマズイから、隠しておこう」という気持ちは、 私も人情としてはよく理解できます。わざわざ自分にとって不都 合なことなど、いいたくないという気持ちはよくわかるのです。

しかし、どうせ隠し事をしていてもいつかはバレるのが世の常 ですし、どうせバレるのなら、自分から公表してしまったほうが、 いっそのこと清々しいと思うのです。

隠蔽工作をすると、バレたときに 大きな代償を払うことになる

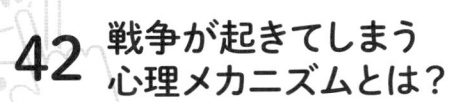

42 戦争が起きてしまう 心理メカニズムとは？

> 日本では戦後長らく戦争に巻き込まれることはなく平和な時代を享受してきました。しかし世界では、ずっと、今も争いが絶えることがありません。どうしてなのでしょうか。

◎ 挑発から偶発的な衝突へ

日本漢字能力検定協会は、2017年の世相を表す漢字として「北」が選ばれたと発表しました。「北」にもいろいろ意味があると思いますが、「北朝鮮」に関する報道やニュースが連日のようになされていたことが、選ばれた理由のひとつです。

北朝鮮とアメリカがお互いに挑発し合って、「このままでは戦争になってしまうのでは？」と心配する声も少なくありませんでした。

「売り言葉に買い言葉」ではないですが、こうした相手の挑発に乗ってしまうと、事態はどんどん悪い方向に向かっていってしまいます。そして偶発的な衝突などがあって、戦争が引き起こされてしまうのです。

◎ お互い「自衛」のためだったが

心理学では、「ミラーイメージ効果」と呼ばれる現象が知られています。

コーネル大学のユーリー・ブロンフェンブレナーによる造語な

のですが、ブロンフェンブレナーは、米ソの冷戦構造を分析して、この用語を作りました。

　たとえば、Aという国とBという国がお互いに敵視し合っているとしましょう。そんな中、A国が、B国との国境線沿いにちょっとした基地を作ったとします。Aからすれば、Bがいつ攻めてくるかもわからない状態なので、自衛するためです。

　ところがB国からすれば、その基地建設が、A国が自分たちの国に攻め込んでくるサインだとしか思えません。そのため急いで軍備を拡張しようとします。もちろん、自衛のためです。

　するとB国がいきなり軍備拡張し始めたのを見て、A国は慌てます。「これは本当に攻めてくる気だぞ」と。

　こうやってお互いにどんどん軍備拡張をしていく中で、本当に戦争が起きてしまう、というのがブロンフェンブレナーの分析です。

◎ ミラーイメージ効果を防ぐには

　このように、**本当は自分のほうが相手を嫌っているのに、相手のほうが自分を嫌っていると思い込んでしまう心理**は、まるで鏡に映されたようなものだというので、「ミラーイメージ効果」という名前がつけられました。

　どちらが最初に悪かったのかという問題はさておき、ともかくミラーイメージ効果によって、お互いを敵視する感情がどんどんエスカレートしていくのだとしたら、これほど危険なことはありません。

　冷静になり、**「こちらにも言い分があるように、相手のほうにだって立派な言い分があるんだろうな」**と考えないと、ミラーイメージ効果を防ぐことはできなくなってしまいます。

　こうしたことは、何も国と国とのあいだに限った話ではありません。普通の人間関係においても、ミラーイメージ効果は観察されます。

　「お前が悪い」「いいや、お前のほうがもっと悪い」と言い争いが起きてしまうのは、国家間の紛争にくらべれば、ずいぶんと規模が小さくてそれほど悲劇的なことにはならないかもしれません。とはいえ、お互いを敵視するのをやめないと、関係はどんどん悪化してしまいますので注意してください。

ミラーイメージ効果

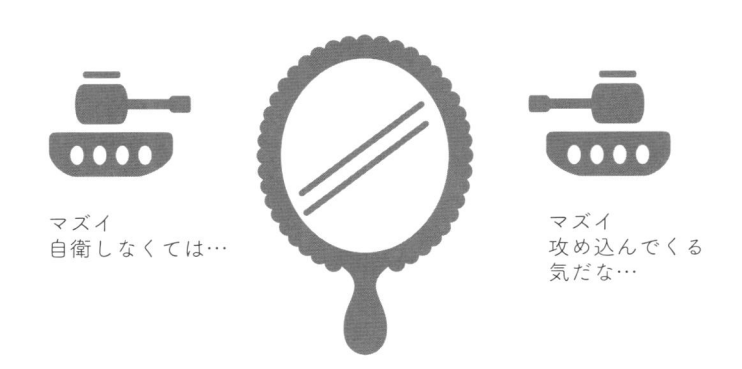

マズイ
自衛しなくては…

マズイ
攻め込んでくる
気だな…

**「きっと相手にも言い分があるのだろう」
と冷静に考えてみることがポイント**

43 メディアに出てくる すごい人との比較は禁物？

よく自分より優れた人と比較して、「なんて自分はダメなんだ」といっている人がいます。こうした比較を「社会的比較」といいますが、不満ばかりが溜まる原因になってしまいます。

◎ 自分より優れた人との比較はしないほうがいい

テレビに出てくるアイドルや女優を見て、「ああいう人になりたいなあ」と憧れの心を持つのはいいことです。自分なりに目指すべきお手本を決めて、その人のようになるために努力することができるからです。

しかし、現実には、女優やモデルと自分を比較し、落ち込んでしまう人も少なくありません。むしろ、そういう人のほうが多いのではないでしょうか。

いうまでもありませんが、テレビや雑誌に出てくるモデルは、特別なのです。彼女たちは、特別にスリムですし、特別に魅力的なのです。だから、みなさんと違って当たり前です。もともと、そんな人たちと自分をくらべたりしてはいけないのです。

◎ 不満ばかりが溜まって何の得にもならない

ワシントン大学のダイアン・ジョーンズは、80名の高校生に、マスメディアに出てくる同性のモデルと自分自身を比較するよう

に頼んでみました。すると、自分への不満が高まることがわかりました。これは男性でも女性でもそうでした。

　自分と他人をくらべることを、心理学では**「社会的比較」**と呼んでいますが、**自分より上の人と社会的比較をしていたら、不満ばかりが溜まってしまう**ことでしょう。ですから、自分より優れた人と自分を比較などしないほうがいいのです。

　テレビを見ていても、雑誌を読んでいても、モデルと自分をくらべるのはやめましょう。そのほうがずっと心理的には健康でいられます。

◎ 石川啄木が自分とくらべて嘆いていた相手は

　歌人の石川啄木が、「友がみなわれよりえらく見ゆる日よ」と短歌を作ったのは、24 歳のときでした。「友達が偉くなっているのに、自分はなんと情けないのだ」と嘆いた歌です。

　では、啄木はいったいだれと自分をくらべて嘆いていたのでしょうか。なんと、国語学者の金田一京介や、小説家の野村胡堂だったようです。つまり、東京大学の先生になったとか、大手新聞社の花形記者になったような友人とくらべて、「自分は情けない」としょげているのです。

　自分よりレベルが高い人とくらべたら、だれだって気分が落ち込むのは当たり前。

　ですからどんなときでも、自分と他人をくらべたりしてはいけません。**わざわざ自分の気持ちが落ち込むようなことをしても、まったく何の利益もない**のですから。

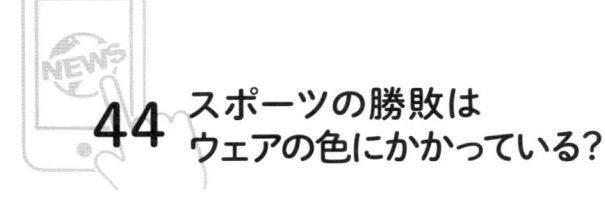

44 スポーツの勝敗は ウェアの色にかかっている?

赤色が人の闘争心に影響したり、気持ちを奮い立たせる効果があることはなんとなく知っている人も多いでしょう。でもどの程度の影響があるか、ご存知でしょうか?

◎ 赤色は人の闘争心に火をつける

スポーツの試合においては、ウェアの色が意外に重要です。

どんな色のウェアを着て試合に出るかで、勝ちやすさに差が出てきてしまったりするのです。つまり、最初からフェアな戦いにならないのですね。

色彩心理学的にいうと、「赤色」は、人の闘争心に火をつけることが知られています。そのため、赤色のウェアを身につけていると、「さあ、やるぞ!」「負けるものか!」という気持ちがふつふつと沸いてきて、普段以上の実力を発揮できてしまうようなのです。

そういえば、「燃える闘魂」と呼ばれたアントニオ猪木さんも、プロレスラー時代には、真っ赤なタオルとパンツを身につけていましたね。

◎ 赤色の勝率は 55% ?

この「赤色を身につけた選手のほうが、ずいぶんと有利なのでは?」という仮説を検証した人がいます。

　英国ダラム大学のラッセル・ヒルは、科学雑誌のネイチャー誌に面白い論文を載せています。

　ヒルは、2004 年のアテネ・オリンピックでおこなわれたグレコ・ローマンスタイルのレスリング、フリースタイルのレスリング、テコンドー、ボクシングの全試合の結果を集めてみました。トータルでは、457 試合になりました。

　これらの種目では、選手は赤いウェアか、青いウェアのどちらかを着なければなりません。ヒルは、赤いウェアを着ていた競技者が青いウェアの競技者に勝ったかどうかを調べてみたのです。

　すると**4 つの競技すべてにおいて、赤いウェアの選手のほうが多く試合に勝っていた**のです。全体の勝率は 55％でした。

　赤いウェアでも青いウェアでも、どちらでも同じであれば、勝率は半分ずつの 50％になるはずなのに、赤いウェアの勝率は 55％だったのです。

	▼ 勝率
赤	55%
青	45%

◎ ビジネスシーンでも赤は効果的

　スポーツは、フェアにやらなければなりませんが、まさかウェアの色が勝敗に影響しているということは、たぶんオリンピックの委員会も知らなかったでしょう。

だいたいオリンピックに出場する選手のレベルになれば、実力は伯仲していて、ほとんど差などあってないようなくらいの微々たるものです。

　ですからなおさら、微妙な形でも、心理的に有利な色のウェアを着ることは重要なのではないかと思います。

　もし読者のみなさんが何かしらのスポーツをやっているのであれば、試合のウェアもそうですが、トレーニングウェアなども、赤色で統一するといいかもしれません。赤色を身につけていたほうが、試合にも勝てるようになるかもしれませんね。

　ちなみにビジネスシーンにおいても、たとえば重要な商談のときなどには、赤色のネクタイを締めていくといいでしょう。気持ちが引き締まって、自分に気合いを入れることができるからです。

赤色は人の闘争心に火をつける

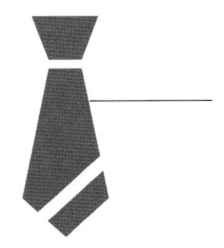

政治家や企業のトップの中には
好んで赤色を身につける人が
少なくない

45 なぜ銀メダリストより 銅メダリストのほうが幸せそうなの?

> スポーツの表彰式を見ていると、1 位と 3 位の選手が笑顔な
> のに対して、2 位の選手がどこか浮かない顔をしていること
> が多いものです。これはどうしてなのでしょうか。

◎ 1 位と 3 位は笑顔だが

　私がこの本を書いている現在、ピョンチャン・オリンピックの
真っ最中です。羽生結弦選手が、2 大会連続の金メダルを獲得し
ました。とてもいい笑顔を見せています。

　さて、オリンピックの表彰台を見ているとき、どの競技、どの
種目でもそうなのですけれども、読者のみなさんはなぜか銀メダ
リストの選手が、たいして喜んでいないのに気づいていたでしょ
うか。

　これは冬のオリンピックでも、夏のオリンピックでも、世界選
手権でも、いつでもそうなのです。2 位の選手は、そんなに喜ん
でいないのです。喜んでいるのは 1 位の金メダリストと、3 位の
銅メダリスト。いつも 2 位の銀メダリストは、仏頂面というか、
苦笑いというか、それほど笑顔を振りまきません。

◎「負けて」2 位か、「勝って」3 位か

　この現象は、コーネル大学のヴィクトリア・メドベックによっ
て確認されました。

メドベックは、1992 年のバルセロナ・オリンピックにおける NBC 放送を分析しました。何をしたのかというと、すべての種目の表彰式のときの「表情の大きさ」を調べてみたのです。

　金メダルをとった選手が、一番大きな笑顔を見せているのは、なんとなく想像がつきますよね。世界一になれたのですから、一番嬉しいに決まっています。

　ところが、銀メダリストと銅メダリストについていうと、銅メダリストのほうが、はるかに大きな笑顔を見せていたのです。なぜ 3 位であるはずの選手が、2 位の選手よりも喜んでいるのでしょうか。

　メドベックの分析はこうです。

　2 位の選手は、決勝戦で 1 位の選手に「負け」て、銀メダルを獲得します。 つまり、頭の中にあるのは、「負けた」という意識なのです。

　しかも、「もっと頑張れば、1 位になれたのに」「あと少しだったのに」という後悔や口惜しさのほうをたくさん感じます。だから、たとえ 2 位でも、悔しくてたまらないのです。とても笑っていられる状況ではないのです。

　ところが 3 位の選手は違います。

　3 位の選手は、3 位決定戦で「勝って」、メダルを手にしています。 彼らの心の中は、「ああ、よかった。とにかくメダルがとれた」という安堵感で一杯です。4 位ですとメダルも何ももらえませんが、3 位であれば、曲がりなりにもメダルは獲得できたの

です。こんなに嬉しいことはありません。

　以上のような心理の違いにより、銀メダリストはどこか苦虫をかみつぶしたような笑顔しか見せられないのに対し、銅メダリストのほうは満面の笑みを見せることができるわけです。

　こんなことを知っておくと、表彰台の選手の表情を見るのが面白くなるかもしれませんね。

それぞれが抱く感情の違いによって
表情に微妙な差がでてしまう

46 マナー向上には「みんながやっている」を訴えるのがコツ？

> 「環境保護のために○○してください」といわれても、「まぁ自分一人くらいいいだろう」と思われてなかなか取り組みが浸透しないもの。人を説得するにはコツがあるのです。

◎「自分一人くらいやらなくてもいいだろう」

ホテルでは、環境にやさしい運動の一環として、トイレットペーパーを最後まで使っていただく取り組みや、タオルの再利用を推進しています。けれども、なかなか宿泊客には受け入れられていないようです。

みなさんはなぜだかわかりますか？

その理由は、宿泊客へのお願いのしかたにあります。

「限りある資源を大切に」「地球にやさしく」といったお願いをされていることが多いのですが、これでは宿泊客は従ってくれないのです。

もちろん、環境保護のためにできることはやったほうがいいに決まっていますが、こういうお願いでは、**「理屈としてはわかるけど、まあ自分一人くらいやらなくても、大丈夫だろう」**という気持ちのほうが強くて、行動を起こそうとまでは思わないのです。

では、どうすれば環境保護の運動に参加させることができるのでしょうか。

◎「みんながやっていますよ」

シカゴ大学のノア・ゴールドスタインは、お願いの仕方を変えればうまくいくだろうと考えました。

そこで考えたのが「みんながやっていますよ」というアピールです。このほうが、宿泊客も従ってくれるだろうと考えたわけです。

「みんながやっている」といわれたら、「自分一人くらいはいいだろう」という気持ちにはなりません。

「みんながやっている」のなら、「まあ、それなら私もやろうか」という気持ちになるだろうとゴールドスタインは考えたのです。

さっそくゴールドスタインは、とあるホテルの経営者にお願いして 80 日間に渡って実験をさせてもらいました。あるときには、従来の「環境を守ろう」というメッセージを客室に貼っておき、タオルの再利用を調べてみたのです。しかし、タオルを再利用してくれたのは、全体の 35.1％にすぎませんでした。

次に、同じメッセージの貼り紙を、**「宿泊客のみなさまに、ご協力いただいております」**というものに変えました。すると、今度はタオルの再利用は 44.1％になりました。これでもまだ少ないと思われるかもしれませんが、再利用が約 10％も増えたのですから、一応は成功といえます。

◎「自分だけがやらない」わけにもいかなくなる

「みんながやっている」というのは、人を説得する上で非常に効果的なやり方です。

「みんなが困っているんだから」といわれれば、一人だけタバコを吸うわけにはいかなくなりますし、「みんなが守っているんだから」といわれれば、自分一人だけ自転車を路上駐車するわけにもいきません。

　人を動かすときには、「みんながやっているよ」というアピールをすると説得効果が高くなることを覚えておくといろいろと便利なことがありますから、ぜひ覚えておいてください。

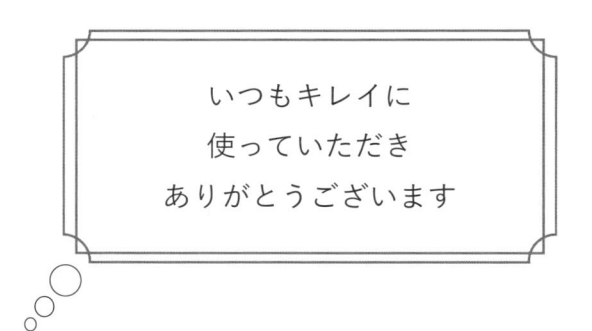

いつもキレイに
使っていただき
ありがとうございます

駅のトイレなどで見かけるこの貼り紙も
「みんながキレイに使っています
（だからあなたもお願いしますね）」
といっている

47 臓器提供者が増えないのは ドナー登録のやり方のせい?

> 私たちは「わざわざ何かをする」ことにものすごく抵抗を感じるものです。わずかでも面倒と思えば、手をつけず放ったままにしがちです。臓器提供者が増えないのもそのためです。

◎「いいこと」とは思っているが

日本では、臓器提供の意思表示をしてくれる人が、あまり増えません。いろいろなキャンペーンが熱心におこなわれているにもかかわらず、です。なぜ臓器提供者が増えないのでしょうか。

まさか日本人は、よほど冷たい国民なのでしょうか。

いえいえ、もちろんそうではありません。

実は、日本と同じように、アメリカも臓器提供者が増えないのです。

アメリカの調査では、85％のアメリカ国民は「臓器提供はいいことだ」と答えているのに、「それではサインしてください」ということになると、28％しか意思表示してくれないのです。このあたりの事情は、日本とよく似ています。

◎ 臓器提供者がものすごく多いワケ

コロンビア大学のエリック・ジョンソンは、アメリカで臓器提供者が増えないのは、「ドナー登録のやり方がマズイのでは」と指摘しています。

ジョンソンによると、ポーランドでは臓器提供者が 99.50％、フランスでは臓器提供者が 99.91％、ハンガリーでは 99.97％と信じられないくらいに高いのですが、それは加入の仕方がアメリカと違うからだと述べています。

　アメリカでは、**「臓器提供してくれますか？」という質問をするから加入者が増えない**のだとジョンソンは指摘しています。こういうやり方ですと、積極的に「臓器提供します」といわないと、臓器提供をするとみなされません。

　ところがほとんど 100％に近い臓器提供者のいる国々では、質問の仕方が逆なのです。つまり、**積極的に「臓器提供しません」という意思表示をしないと、自動的に「臓器提供の意思あり」とみなされ、ドナー登録される**のです。

　もしアメリカでも同じやり方をすれば、ドナーはもっと増えるはず。

　日本でも同じことをすれば、ドナーの数は飛躍的に増えることでしょう。

◎ ちょっとしたことでも面倒でやらない

　人間は、面倒くさがりなところがあって、**「わざわざ何かをする」ということには抵抗を感じやすい**のです。

　積極的に「臓器提供の意思あり」と署名するくらい、そんなに面倒なことでもないと思われるかもしれませんが、**"わずかでも面倒"なことを、やらないのが人間の心理**なのです。だから、面倒くさい手間を省いてあげるようにすれば、ドナーは飛躍的に増

えるということが考えられます。

インターネットでショッピングするときもそうで、何度もクリックしなければならないような面倒くさい手続きがあると、人はたとえ欲しいものがあっても「買い物をすること自体」をやめてしまいます。ネット書店最大手のアマゾンが成功した理由は、ワンクリックで買い物できるようにしたからだといわれています。

会員を増やすためのてっとり早い方法は、とにかく**面倒な手続きをそっくり取り去ってあげること**です。少しでも面倒なことをやらないのが人間なのですから。

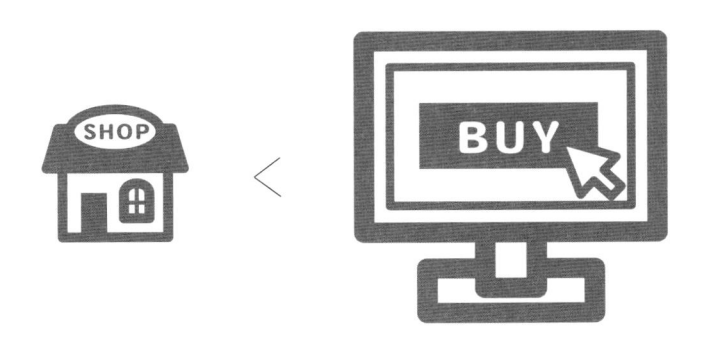

私たちの行動は、
「面倒なこと」から「面倒でないこと」のほうへ
シフトしています。
ネットショッピングの隆盛は、そちらのほうが
「面倒でないから」と考えることができそうです。

48 選挙の当落は候補者の「顔」で決まる?

選挙の当落は顔で決まる、と聞いたら「えー、そんなわけないでしょ」と思うでしょうか。でも7割の確率で予測できるという研究結果もあり、かなり信憑性が高いのです。

◎ 優れた政策や清廉潔白な人柄は無関係?

政治家になるためには、優れた政策を訴える能力を有していることですとか、高邁な理想を持っていること、清廉潔白な人柄であることなどが必要である……と、一般的には考えられています。

しかし、現実のところ、あまりそういうことは関係がないようです。

なぜなら、有権者が政治家を選ぶときの基準は、もっぱら「顔」だからです。そんなまさか、と思われる人も多いでしょうから、研究事例をご紹介しましょう。

◎ 7割の確率で予測できる?

米国プリンストン大学のアレキサンダー・トドロフは、「候補者の顔だけを調べれば、だれが当選するか、約7割の確率で予測できる」と述べています。

トドロフは、2004年の上院選挙の候補者の顔写真を2枚並べて、「あなたなら、どちらに投票しますか?」と尋ねる実験をしてみたのですが、"ある手がかり"に注目すれば、どちらが当選

するのかが、68.8％の確率で予測できることに気づきました。

　さらにトドロフは、2000 年、2002 年の選挙においても同じ実験をくり返しましたが、合計すると 71.6％の確率で当選予想ができることを突き止めたのです。

　では、どんな "手がかり" に注目すればいいのでしょうか。

　やはり、顔だちの良さが重要なのでしょうか。イケメンや美人ほど、当選しやすいということなのでしょうか。

　いえいえ、そうではありませんでした。

◎ どれだけ有能そうに見えるかが大事

　トドロフによると、**注目すべきは「有能性」**です。有能性というのは、**どれだけ知的に見えるか、どれだけ仕事ができそうに見えるのか**、ということです。

　トドロフは、各候補者について、「どれだけ有能そうに見えますか？」という質問をしているのですが、**有能そうに見える顔であればあるほど、当選確率もアップする**ことがわかったのです。

　仕事で成功するかどうかは、その人の顔を見ればだいたいわかるものですが、同じように、政治家になれるかどうかも、候補者の顔を見れば、だいたいわかってしまうのです。

　私は、人相は読めませんが、心理学の知識を用いて、どの候補者が当選するのかはわかります。

　実際に、「この人は知的に見えるな」という人のほうが当選するのです。

◎ 童顔の人は政治家向きではない？

ちなみに、私たちは「かわいらしい顔」、すなわち「童顔」の人が好きですし、童顔の人ほどモテるのですけれども、政治家には、あまり向いていません。

童顔の人は、「子どもっぽく」見えてしまうため、かわいらしくはあるのですが、「あまり知的に見えない」「頼りない」という判断もされやすく、当選しにくいのです。

フィンランドにあるヘルシンキ大学のパヌ・ポートヴァーラが、2003年のフィンランドの議会選挙の候補者男性868名、女性917名の顔写真を見せて、童顔であるかどうかを調べたところ、童顔に見える顔の候補者ほど選挙に落ちてしまうことがわかったといいます。

いずれにせよ、政治家になる人には、立派な政策を持っていてほしいとは思います。ただ有権者は（意識的か無意識かはともかく）必ずしもそういうところでは評価しておらず、**もっぱら顔だけで判断している**、という現実もあるのです。

×　理念
×　人柄
×　能力
◎　顔

「知的に見えるか」
「有能そうに見えるか」

ぜひ今度の選挙結果をこの視点で検証してみましょう
きっと新しい発見があるはずです

49 「国民性」って本当にあるの？

> 不思議なことに、国によってその国特有の「国民性」という
> のはたしかにあるようで、いろいろな研究がされています。
> その一部をご紹介しましょう。

◎ 国民全体のパーソナリティ

人は十人十色だといわれますが、そうはいっても、それぞれの
国民には、ある種の「国民らしさ」があります。日本人はやっぱ
り日本人らしいですし、アメリカ人はアメリカ人らしい性格をし
ています。

それぞれの国の人たちの性格は、もちろん十人十色で少しずつ
違うのは当たり前ですが、やはり共通する国民性のようなものは
あるのです。国民性というのは、いってみれば、**ある国民全体
のパーソナリティ**です。

◎「怒りっぽさ」の研究

オックスフォード大学のジョセフ・フォーガスは、ヨーロッパ
の国々の「怒りっぽさ」についての国民性研究をしてみたことが
あります。

どうやって調べたのかというと、非常にユニークなやり方をと
りました。

フォーガスは、自動車に乗って信号待ちをしているとき、赤色

から青色に変わっても、車を発進させずにそのまま停車をつづけてみたのです。後ろについた車が、どれくらい我慢できるかで、その国民の怒りっぽさを調べてみたのです。

フォーガスが信号で停車し、青色に変わったらストップウォッチを使って、後ろの車がクラクションを鳴らすまでの時間を測定してみたところ、**一番怒りっぽかったのはイタリア人**でした。だいたい5秒後にクラクションを鳴らしたのです。

次に怒りっぽいのはスペイン人で6秒、つづいてフランス人の7秒。もっとも忍耐強かったのはドイツ人で、7.5秒でした。

同じ研究をもし日本でやったとしたら、どうでしょうか。

どんな結果になるのか、少し興味があります。

もちろん、こういう研究方法だけで国民性を決めつけるのは危険ですが、それでも面白いデータだといえるのではないでしょうか。

◎「規律正しさ」の研究

また多くの国の「規律正しさ」を調べた研究などもあります。

各国の主要銀行に置かれた時計が、どれくらい正確で、ズレて

いないのかを調べて、いいかげんな国民と、マジメな国民を比較してみた研究者がいるのですが、**一番マジメだったのは日本人**だった、という報告をおこなっています。日本人は、時間にうるさいので、時計が狂っていたりするとすぐに直してしまうからでしょう。国によっては、1 分 2 分どころの話ではなく、30 分も時計の針がズレていた、ということもあったそうです。

◎「せっかち度」の研究

また、それぞれの国の首都に住む人たちが、100 メートルをどれくらいの速度で歩くのかを測定することにより、「せっかち」な国民性を調べた研究もありました。うろ覚えで申し訳ないのですが、この研究でも日本人はかなり上位だったような記憶があります。

第6章
『仕事・職場』の心理学

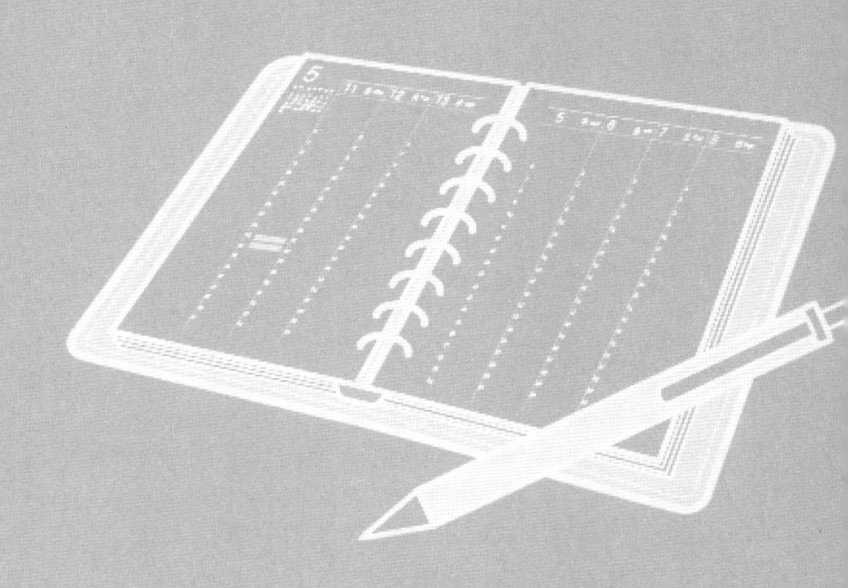

50 バインダーの重さひとつで 人の決断は変わる？

バインダーの重さひとつで人の決断が変わるなんて、にわかには信じられないかもしれません。でも実際は、このような本当にささいなことで人の心理は影響されるのです。

◎ 心はささいなことにも影響を受ける

私たちの心は、ほんのちょっとしたことにも影響を受けます。自分ではまったく気づきませんが、信じられないほどの影響を受けているのです。

たとえば、「新しいプロジェクト」を計画したとして、社内の人たちに意見をヒアリングしてみることになった、としましょう。このとき、

A　少しだけ重いバインダー

B　少しだけ軽いバインダー

の2つを用意し、それぞれにまったく同じ「アンケート用紙」をはさんで意見を集めたとします。

すると、Aの重いバインダーを手に持ってアンケートに答えた人たちは、

「大変そうだからやめたほうがいい」

「この計画の遂行は困難だ」

という意見を数多く出すようになります。

　逆に、Bの軽いバインダーを手に持ってアンケートに答えた人たちは、もう少し楽観的な意見を数多く出すようになる、と考えます。

　なぜなら、軽いバインダーを手に持っているので、見通しや計画の実行性などについても、そんなに重く受け止めなくなるからです。

　「たかがバインダーの重さくらいで⁉」と驚かれるかもしれませんが、これは事実です。

◎ 重みがあると深刻に考える

　ドイツにあるオスナブリュック大学の**カイ・カスパー**は、重いバインダー（2026グラム）と、軽いバインダー（576グラム）を用意し、それぞれにまったく同じ女性の写真をはさんで、「この女性を口説き落とすのは、どれくらい難しいと思いますか？」と約100人の男性に尋ねてみたのです。

　すると、重いバインダーを手に持って判断を求められた男性のグループでは、「口説くのは、とても難しいと思う」という意見が続出したのです。

　手に重いものを持っていると、心理的にも、「大変そうだなあ」という気持ちが強まるのです。もちろん、本人はそんなことに気づいていないことがほとんどなのですが。

物理的に重いものを持っていると、私たちはそれを心理的にも

「重く」受け止め、軽いものを持っていると心理的にも「軽く」受け止めるようになるというわけです。

◎ 重い万年筆を効果的に使おう

このことから、大切な約束をするときや、署名を求めるときには、軽いペンではなく、万年筆のような重いもので相手に書かせたほうがいいかもしれません。相手も心理的に「重く」受け止めてくれるからです。

このように、ほんのわずかな違いが私たちの心理に大きな影響を与えることを、上手に応用してみるのもいいですね。

重いものを持つ　→　心理的に「重く」受け止める
軽いものを持つ　→　心理的に「軽く」受け止める

51 「ブルーマンデー」なんて存在しない?

> 日本では「サザエさん症候群」などともいわれるブルーマン
> デー。日曜の夜になると明日が憂うつ……とならないために
> は、どうしたらいいのでしょうか。

◎「ブルーマンデー」になる人はどんな人?

「はぁ、また明日から仕事か……」

日曜日になると、そんなため息をついている読者も少なくない
のではないでしょうか。月曜日になると、どうも気分が乗らない
とか、どうしてもやる気が出ないと感じる人が多いらしく、この
ような現象は**「ブルーマンデー」(憂うつな月曜日)**と呼ばれてい
ます。

けれども、本当にそんな現象が存在するのでしょうか。

結論からいえば、たしかに「現実に、ある」とはいえると思い
ます。

ただし、全員が全員、ブルーマンデーに陥ってしまうわけでは
ありません。ある特定の人だけが、月曜日の心理的な落ち込みに
悩まされるのです。

では、どんな人にブルーマンデーの症状が見られるのかという
と、そういう現象を「信じている人だけ」というのが本当のとこ
ろです。

現実には、**「月曜日になると、私は気分が乗らない」と思い込んでいる人だけが、ブルーマンデーに悩まされている**ことになります。

◎ 単なる思い込み？

　英国セント・ジェームズ大学のガイルズ・クロフトは、実験参加者にお願いし、2週間に渡って、日々の気分の変化を測定させてもらいました。

　その一方で、「あなたはブルーマンデーを信じますか？」「それとも単なる神話にすぎないと思いますか？」といった質問をしてみました。

　その結果、たしかに月曜日には、他の曜日には見られない気分の落ち込みが見られたのです。ただしそれは、ブルーマンデーを信じている人だけでした。

　そんなものはもともと知らないという人や、そんなものはこれっぽっちも信じていない、という人には、月曜日だからといって大きな心理的な気分の動揺や落ち込みは見られなかったのです。

やはりブルーマンデーは、本人の思い込みにすぎないというわけです。

◎「ブルーマンデー」の予防と対策

「月曜日には、どうも気分が乗ってこないんだよなあ……」などと考えているから、本当に気分が落ち込んでしまうのであって、そんなことを考えないようにしていれば、ブルーマンデーに悩まされることも防ぐことができるでしょう。

このことは、「病は気から」という言葉にも通じますね。

とはいえ、現実に月曜日にやる気が出なくて困っている人もいるでしょう。

そういう人は、たとえば、**日曜日の夜には早く就寝する**とか、**月曜日の朝にはしっかりと朝食を食べる**、といった予防法を講じることによって防ぐことができます。

あるいは、月曜日にちょっとした楽しみを設定しておくのもおススメです。

私などは、毎週愛読している漫画（週刊少年ジャンプ）がたまたま月曜日に発売されるので、かえって月曜日はウキウキした気分で仕事ができます。仕事が終わってからの楽しみがひとつ増えるので、ブルーマンデーになることはありません。

52 仕事は心配性な人ほどうまくいく？

> 人は心配になるとあれもこれも気になって、徹底して準備をしますね。そんな心配性の人は気苦労も多いでしょうが、大きな失敗をすることなく、いい成績を収めることができます。

◎ 心配がゆえに隙がない仕事ができる

英国ゴールドスミス大学のアダム・パーキンスは、「心配性」（worriers）ほど、「勝者」（winners）になりやすい、という驚くような論文を発表しています。

つまらないこと、些細なことを心配している人は、気苦労ばかり多くて、あまりいい結果をあげられないような気もしますが、どうも事実は逆であるようです。

パーキンスが、あるフィナンシャル会社でおこなった調査によると、心配性の人ほど、仕事のパフォーマンス（成績）は高い、という明確な傾向が見られました。

では、なぜ心配性な人は、仕事もできるのでしょうか。

その理由は、**自分の心配を打ち消すために、他の人ならやらないようなことまできちんと準備するから**です。しっかりと事前に準備をし、これでもかというくらいに保険をかけておかないと、心配性の人は安心できません。そのため、隙のない仕事ぶりができるわけです。

◎ 細かい準備を徹底する

たとえば、心配性の人が得意先の接待をまかされたとしましょう。

普通の人であれば、ネットでちょっとお店を調べて、適当に予約して終わりにしてしまうと思います。

ところが、心配性の人は、そんなことでは不安が消えないのです。実際に自分でそのお店まで出向いて、実際にお客として店員の対応を調べてみるまで、安心できません。トイレの位置もしっかり確認しておかないと、得意先に迷惑をかけるのではないかと心配します。さらに、お店の周囲ではタクシーがつかまりやすいのかも気になるでしょう。

接待中には、気の利いた雑談ができるよう、相手が喜びそうなネタを情報収集しておかないとソワソワして落ち着きません。

そういう細かいことを全部やっておかないと心配性の人は、心配が消えないのです。けれども、それだけしっかりと準備するからこそ、得意先に心から喜んでもらえるような接待ができるわけです。

◎ 心配性なら大きな失敗はない

どんな仕事でもそうですが、事前にしっかりと準備しておくからこそ成功の見込みが高まるのであって、心配性の人、すなわち**準備をいとわない人のほうが成功するのは当たり前**だともいえるでしょう。

受験生もそうで、「自分のようなバカな人間は、人の３倍くら

171

い勉強しないと大学にはとても受からない」という心配をしている学生のほうが、結果としていい成績を残せるのではないでしょうか。「なあに、なんとかなるだろう」と気楽に考えている学生は、たいていそんなに勉強もしないので、失敗するものです。

仕事でもそうで、つまらないことを心配するのは、むしろいいことなのです。

周囲の人たちからは、「お前はけっこう気が小さいんだな」などと揶揄されることがあるかもしれませんが、心配性であることは決して悪いことではありません。むしろ、心配性であることを喜びましょう。**心配性だからこそ、大きな失敗をしないですむ**のですから。

心配・不安　があるからこそ

 徹底した準備・確認・連絡・相談　をする

だから

 失敗が少なく安定した成果・評価　につながる

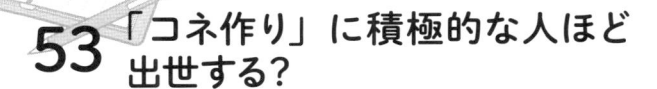

53 「コネ作り」に積極的な人ほど出世する?

> みなさんの会社で「出世していく人」はどんな人でしょうか?
> バリバリ仕事ができる人はもちろんでしょうが、意外と仕事
> だけではなく、「コネ」も大事にしているはずです。

◎ もっと「コネ」を意識しよう

「コネ」という言葉は、あまりいい意味では使われていません。しかし、コネ作りに精を出すことは決して悪いことではありません。

社内においては、コネ作りがうまい人のほうが出世しやすいものですし、営業や販売の人であれば、社外の人と積極的に付き合っている人のほうが、いい成績をとれることが、はっきりと示されています。

「とにかく自分に与えられた仕事だけしっかりやっていればいいんだ!」という姿勢では、仕事はうまくいかないもの。

そもそも「人間関係なんて煩わしい」と感じている人が、仕事をうまくやっていくのも難しいでしょう。

社会というものは、人間関係で成り立っているわけですから、コネ作りを否定していたら、社会で生き抜いていくこともできません。

◎ 昇給や出世に直結する

ドイツにあるフリードリヒ・アレクサンダー大学のハンス・ウォルフは、サービス業、製造業、運輸業などに携わる 455 名の人たちを、3 年間に渡って追跡調査してみたことがありました。「どんな人ほど成功者になれるのか？」を調べるための調査です。

ウォルフは昇給の度合い、出世した回数などを「成功」の指標としてみたのですが、調査した期間の 3 年間でどんどん成功していた人には、ある特徴が共通して見られました。その特徴とは、**「コネ作り」に積極的だった**、ということです。

ウォルフは、「ネットワーキング形成」という言葉を使っていますが、結局は「コネ作り」です。

ウォルフによると、**「新しい出会いを自分から作っていく」「他部署の人とも付き合う」「社外の人とも付き合う」といったことを心がけている人のほうが、給料も上がりやすく、出世もしやすい**ことがわかりました。

◎ 人間関係は大事

みなさんの職場でも、事情はそんなに変わらないのではないでしょうか。

だれにも挨拶せず、だれとも口をきかず、黙々と自分の仕事だけをやっている人のほうが、人事考課がよくて出世も早い、などということがあるでしょうか。おそらくは、逆なのではないかと思います。

いつでもニコニコしていて、だれに対しても自分から挨拶をし、

だれとでも気さくに雑談をして場を盛り上げているような人のほうが、職場でも人気者になれますし、仕事もうまくいくのです。なぜなら、そういう人は、敵を作ることがないからです。

少しくらい仕事ができなくとも、みんなに愛想を振りまいて、だれにも嫌われることのないようにしていれば、必ず出世していきます。いくら仕事ができても、人間関係を拒絶していたら、うまくいかないのが世の常なのです。

コネ作りも仕事の評価に直結する

新しい出会いを自分から作る

他部署の人とも付き合う

社外の人とも付き合う

→ 人間関係を大事にしよう！

54 仕事を速くしたければ「立ったまま」の決断がいい？

いつまでも決められないんだよな、と悩む人は少なくないかもしれません。そんな人も大丈夫。これからは「立ったまま」悩んでみてください。スピーディな決断ができるはずです。

◎ 決断できないのは椅子に座ったままだから？

優柔不断で、どうにも判断が遅い人がいます。あれやこれやと悩んでばかりで、ひとつに決めることができないのです。現在のスピーディなビジネス環境を考慮すると、判断の遅さは、致命的な問題を引き起こしてしまうかもしれません。

とはいえ、判断力というか、意思決定能力は生まれつきの能力や才能ではなくて、ちょっとしたやり方を知っていれば、かなりの程度まで改善することはできます。

しかも、そのやり方はそんなに難しくもありません。

どんなやり方かというと、**何かを決めるときには「立ったまま」判断する**、というものです。椅子に座って考えているから判断が遅くなるのであって、**「立ったまま」決めるようにすれば、意外にすんなり結論が出てしまう**のです。とてもお手軽な方法ですね。

もちろん「本当にそんなことだけで、スピーディな意思決定ができるものなのか」と半信半疑の人がいらっしゃるかもしれません。そこでこんな実験を紹介しましょう。

◎ 決断スピードは 3 割短縮できる？

ミズーリ大学のアレン・ブルードーンは、5 名ずつのグループに対してある課題を与えて判断をさせるという実験をしました。その課題とは、「宇宙船が故障したとき、月で生き残るためには何が必要か」を考えさせ、さまざまな道具に優先順位をつけるというものでした。

ただし、半数のグループは「立ったまま」でそれをおこない、残りの半数のグループは「座ったまま」でおこないました。

では、最終的な決断までにかかった時間はどうだったのでしょうか。

ブルードーンが測定してみたところ、立ったままのグループが決定にかかった時間は 589.04 秒、同じ課題に対して座ったままのグループでは 788.04 秒でした。なんと、**立ったままで判断させたときのほうが、33%も時間を短縮できた**というのです。

「立ったまま」のほうが決断は速くなる

 ＜

→ かかる時間は 3 割短縮できる
　との実験結果もある

◎ 湾岸戦争の勝利にもつながった？

「どうも僕は、迷ってばかりで判断が遅いんだよね」

「頭の中がごちゃごちゃしてきて、ひとつに決められないんだよね」

ということで悩んでいる人は多いと思いますが、そんなときにはとにかく椅子から立ち上がってみてください。座って悩んでいるより、はるかにスピーディな決定ができるようになるはずです。

湾岸戦争のとき、アメリカ軍は**「スタンディング・セッション」**というものを採用しました。つまり、立ったままの会議です。椅子に座ってやる従来の会議に代わって、立ったまま議論し、パッパッと即断即決していくというやり方をとりました。そしてこれが米軍勝利の本当の理由だとさえいわれています（『勝ち組の経済学』浅井隆著、小学館文庫）。

私たちの頭は、椅子に座って腰を落ち着けてしまうと、どうものんびりしてしまうところがあって、スピーディな判断ができなくなってしまうようです。優柔不断で悩んでいる人は、ぜひ試しに立ったまま判断するようにしてみてください。

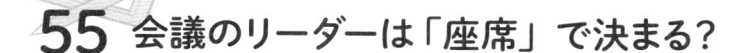

55 会議のリーダーは「座席」で決まる?

> 同じくらいの年次で肩書きも同じなら、会議やミーティング
> でリーダー役になる人は、どこに座るかで決まることが多い
> でしょう。これは男性か女性かにかかわらずです。

◎ リーダーになりやすい席は決まっている

　会議をするときには、たいていその会社の偉い人が議長役を務
めることになると思います。

　けれども、リーダー役が決まっていない場合には、一体だれが
その役を務めるのでしょうか。

　実は、**どの席に座るかによって、リーダー役になりやすいかど
うかが決まる**のです。もちろん、それぞれの人の性格や、年齢、
強さ、仕事の技量なども関係してくるわけですが、もしそれらの
条件が等しいのなら、「座席」が大きく影響します。

　同じ肩書きで、同じような年齢の人たちが集まって会議やミー
ティングをするときには、だれがリーダーになるのかは座席で決
まるわけです。

　では、どこに座るとリーダーになりやすいのかというと、**「お
誕生日席」に座った人**です。だれからもよく見える位置に座って
いる人は、いつの間にかリーダー役にさせられることになるでし
ょう。このとき、個人がもともと持っているリーダーシップなど

は、あまり関係ありません。

◎ 7割以上の人が同じ回答

ネバダ大学のダニエル・ジャクソンは、次のような配置の席を見せて、「あなたなら、どの人をリーダーに選びますか?」と尋ねてみたことがあります。

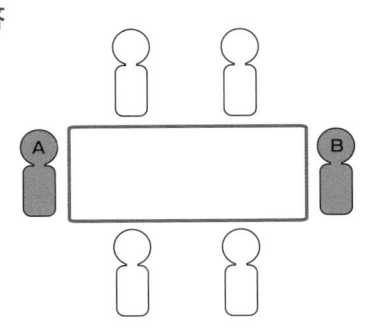

　すると、70.5％の人が両端のお誕生日席（AとBの席）に座った人を、リーダーとして選ぶだろうと答えたのです。

　しかも、座るのが男性であっても、女性であっても差はありませんでした。お誕生日席に座ると、女性でもリーダー役をまかされやすくなるのです。

◎ 意見を通したいときは座る席に注意

　もしみなさんが、会議において自分のリーダーシップを発揮したいと思うのであれば、できるだけお誕生日席に近い場所を確保してしまったほうがいいかもしれません。そのほうが、その場を仕切りやすくなります。

　職場の人たちに自分の意見を採用してもらいたいとか、自分の計画に賛成してもらいたいとか、そういう場合には、**リーダーシップを発揮しやすい座席を確保することが先決**です。そういう座

席に座っているからこそ、みなさんのリーダーシップは「水増し」されるのであって、目立ちにくい席に座っていたら、強気の発言ができなくなります。

　また、ある程度の人数が出席する会議では、お誕生日席よりも、真ん中に近い席（ＣとＤの席）を狙うのもいいでしょう。
　真ん中に座っていれば、やはり端のほうに座る人よりも、リーダーになりやすくなるからです。
　アイドルグループでも、ヒーロー戦隊ものでも、たいてい真ん中にいる人がリーダーとして認知されますね。
　端のほうにいたら、目立つことはできませんし、意見を尊重してもらうことも難しくなるというわけです。

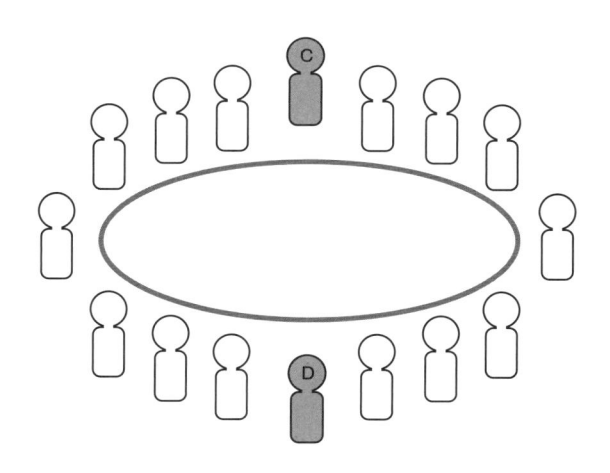

56 相手にとって悪い報せは口頭で伝えると嫌われる？

相手にとって「いい話」というのは面と向かって直接伝えたいと思う一方で、「悪い話」はなかなかいいにくいものです。こういうとき、私たちはどうしたらいいのでしょうか。

◎ よくない報せは直接伝えにくいもの

みなさんが友達に向かって、あるいは家族に対して、何らかの報告をしなければならなくなったとします。

このとき、伝えるべき内容が好ましいときと、そうでないときとでは、おそらく伝え方を変えることでしょう。

私たちは、伝えるべきニュースが好ましい内容のときには、それを「自分の口で」伝えようとする傾向があります。**喜びを一緒に分かち合いたいと思うから**でしょう。

「○○さんが、お前とお付き合いしたいっていってたよ」

「合格発表を見に行ったら、お前は受かってたよ」

こういう喜ばしいニュースは、相手に直接に伝えようとするものです。

ところが、あまり望ましくないというか、悪いニュースを伝えるときには違います。こんなときには、「メモ」を使ったり、「メール」を使ったり、ともかく自分の口で伝えることを避けようとするのです。自分の口で直接に伝えるのは、何か気づまりな感じ

がするためです。

「○○さんは、お前みたいなタイプが苦手なんだって」

「合格発表を見に行ったら、不合格だったみたい」

このようなことは、なるべく自分の口ではいいたくないものです。それが人情というものでしょう。

◎ 悪いニュースを伝えざるを得なくなったら

職場でもそうで、よいニュースは自分の口で、悪いニュースはちょっとメモなどを書いて伝えることがよく見られるようです。

米国カーネギーメロン大学のリー・スプロールは、フォーチュン500社（米国の優良企業）にコンタクトをとって、調査をおこないました。

その結果、上司が、昇給や昇進を伝えるときには、対面で伝えることがわかりました。喜ばしいことは、自分の口で伝えるのです。

ところが、部下にクビをいい渡すときや、左遷をいい渡すときには、メールで事務的に伝えることが多かったそうです。

なぜ、悪いニュースはメールで伝えるのかというと、**悪いニュースを伝えると、自分はただそれを伝えただけなのに、相手から嫌われてしまう傾向があるから**ということです。

かりに減給を決めたのは社長であり、自分はその決定にまったく関与していなかったとしても、「お前は減給になった」と伝えると、伝えた本人が嫌われてしまうのです。

自分はただのメッセンジャーで、決定に際しては何ら関係がないんだよと言い訳しても、残念ながら嫌われることを避けることはできません。

　したがって、なるべく自分が悪いニュースの伝え手であることを相手に感じさせないためにも、**悪いニュースはなるべく口ではなく、メモやメールで伝えたほうがいい**ということを覚えておくといいでしょう。

伝える内容によって「伝え方」を変えてみよう

よいニュースは
直接伝えて喜びなど
を共有すると
いいでしょう

悪いニュースを
伝えざるを得ない場合は、
直接伝えないほうが
嫌われずにすむでしょう

57 クールビズでもネクタイを締めたほうが軽く扱われない？

クールビズがすっかり定着し、最近では「スニーカー通勤」の推奨も始まっています。どんどんラフな格好が当たり前になっていますが、他人に与える印象は大丈夫でしょうか。

◎ やせ我慢をしてでもネクタイを締めたほうがいい？

きちんとした服装を心がけることは、社会人としてのマナーです。いえ、マナーであるばかりでなく、社会で成功するための必要条件であるとさえいえるでしょう。

きちんとした服装をしているからといって、必ずしも成功が約束されているわけではありませんが、不適切な服装をしていると、ほとんどの場合、失敗につながります。

私は先日、「革靴ではなく、スニーカーや運動靴のようなもので出社してよい、という会社が増えてきた」というニュースをテレビで見ました。しかし、スーツに運動靴というのは、どう考えても合いません。

私は、カジュアルデーでも、スーツを着ていたほうがいいと思っていますし、夏場でもネクタイをしていたほうがいいと思います。なぜなら、そのほうが**自分のイメージを悪くすることがない**からです。

もちろん、夏場にネクタイを締めるのは、本当に苦しいと思いますし、実践している私も苦しいです。しかし、こういうやせ我

慢は絶対にしたほうがいいと思います。なぜなら、仕事も成功しやすくなるからです。

◎ 成功者っぽく見えることが大事

　ジョン・T・モロイの『ミリオネーゼのファッションルール』（ディスカヴァー・トゥエンティワン）という本には、きちんとした服装をすることの大切さが説かれています。

　モロイが 142 のオフィスの管理職に、1 週間に渡って部下の写真を撮ってもらいました。その一方で、それぞれの部下に「将来、成功すると思うか？」を尋ねると、きちんとした服装の人たちは、平均的な服装をしている人の 1.5 倍、貧相な服装をしている人の 4 倍、成功の見込みが高いと推測されていたのです。

ピシッとした服装をしていれば、**「成功者っぽく見える」**のです。

そして、**そういうイメージを振りまいていることが、実際の成功にも役に立つ**のです。なぜなら、周囲の人たちは、みなさんのことを成功者のように大切に扱ってくれるようになるからです。

◎ 店員の扱いも変わる

ヒューストン大学のベッティ・ステッドは、5 つのデパートの店舗にほぼ同時に入ってきたお客のうち、店員がどちらを先に接客するのかを調べてみたことがあります。すると、スーツの男性と、カジュアルな服装の男性をくらべると、67.3%のケースにおいて、スーツの男性のほうに店員が早く対応していたのです。

カジュアルな服装をしていると、**「こいつは放っておいてもいいや」「後で接客すればいいや」**と軽く扱われることになります。

自分を大切に扱ってもらいたいのなら、大切に扱ってもらえるような服装をしましょう。**人に軽んじられたくないのなら、それなりに重みのある恰好をしていなければダメ**なのです。

58 「ギブ・アンド・テイク」より 「ギブ・ギブ・ギブ」が成功の秘訣？

> もし頼んでもいないのに、自分のために尽くしてくれたら、誰でもその人に対して感謝の気持ちを抱くものです。どこかでお返しをしなきゃとも考えます。これが返報性の原理です。

◎ お金持ちがお金持ちになれた理由

職場でうまく立ち回るためにも、仕事で成功するためにも、できるだけたくさん自分の味方というか、ファンを増やしていくことは大切です。「サポーター」が増えれば増えるほど、仕事がやりやすくなることは論を待ちません。

日本の億万長者を対象にしてアンケート調査が実施されたことがあります（『普通の人がこうして億万長者になった』本田健著、講談社）。

1000万円以上の税金を納めた高額納税者たちにアンケートを配布し、回答があった約1000名のデータをまとめてみたのです。

このアンケートでは、「あなたは何人に応援されていると感じるか？」という質問がなされていたのですが、年収が1000万円未満では「100人以上に応援されている」と答えた人がわずか1％にすぎなかったのに、年収3000万円以上のビジネスオーナーでは、「100人以上」と答えた人が20％もいたそうです。

お金持ちは、多くの人に応援してもらえるからこそ、お金持ちになれるのだといえそうですね。

◎「ギブ・ギブ・ギブ」が返報性の原理を発動する

さて、ではみなさんは、どうすればみなさんのファンであるサポーターを増やせるのでしょうか。

そのコツは、とにかく自分が損をして、他の人のために何かをしてあげること。

「ギブ・アンド・テイク」という言葉がありますが、「テイク」は意識せずに、**とにかく徹底的に「ギブ」だけをする**のです。「テイク」のほうは、そのうちに後からついてきます。

みなさんが他の人のためにあれこれ面倒をみたり、世話を焼いてあげたり、**自分が損をするようなことをしてあげればあげるほど、相手のほうも「そのうちに自分も何かお返しをしなくては」という気持ちになっていきます**。

心理学では、これを**「返報性の原理」**と呼んでいるのですが、人に親切にしていれば、相手からも好意がちゃんと返報されます。だから、長い目で見ると損をすることなどはありませんので、ご安心ください。

◎ 喜んで人のために損をしよう

米国デンバー大学のポール・オルクは、友人関係だけでなく、ビジネス分野においても、**人に親切にすればするほど、相手からも親切や好意がきちんと返報される**ことを突き止めています。そうやって自分のファンを増やしていくことが大切です。

経営の神様と呼ばれた松下幸之助さんは、若い頃に電灯の修理を頼まれると、頼まれてもいないような箇所まで、あちこち修繕

して帰ったそうです。頼まれていないことをやっているわけですから、料金はもらえません。しかし、そうすることによって松下さんの固定ファンが増えたことは想像に難くないでしょう。

「自分が損をするようなことは絶対にやらない」という人は、仕事で成功するのは難しいかもしれません。人のために喜んで自己犠牲ができるようでなければ、何事もうまくいかないのではないかと思います。

見返りを求めず、相手に尽くせば尽くすほど
多くのファンやサポーターにめぐまれる

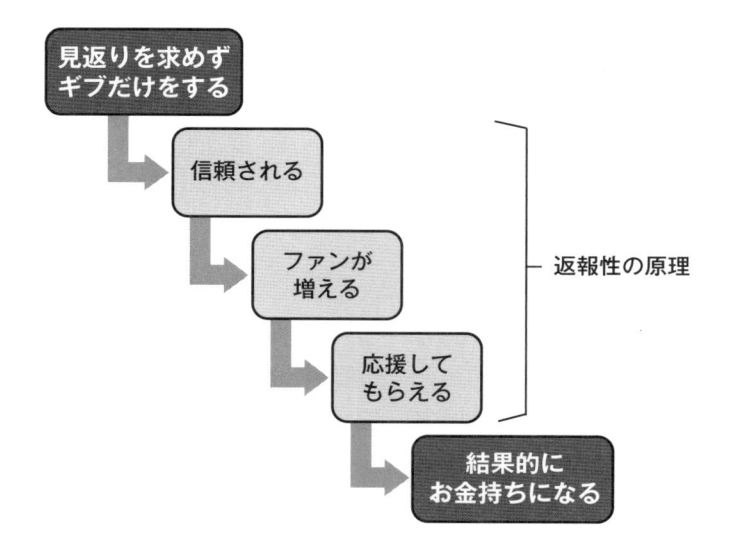

59 伝票にイラストを描くだけで
ファンも売上も増える?

> 送られた手紙や渡された伝言メモにちょっとしたイラストが
> 入っているだけで、なんとなくその人に対する印象がよくな
> りませんか? イラストはいい心理効果を与えるのです。

◎ イラストがあるだけでいい印象を与える

文字だけで書かれた情報より、そこにかわいらしいイラストが
描かれていると、私たちはより好意を持ちやすい、ということが
あります。

イラストを見ると、なんとなく親しみを感じるというか、温か
みを感じるようです。ですので、ちょっとしたイラストを描くだ
けで、売上をグンと伸ばすこともできるのです。

たとえば、レストランで注文をすると、かならず伝票が渡され
ますよね。たいていの伝票には、注文した料理や、個数、そして
金額だけが載せられていますが、これでは味も素っ気もありませ
ん。まことに事務的で、お客としては好印象を持つこともありま
せん。

では、**渡された伝票にイラストが描かれていたら、どうでしょ
う。ちょっと心が温まるというか、気分がよくなりませんか。**

そのお店に対して、あるいはイラストを描いてくれた店員さん
に対して、かなりいい印象を持つのではないでしょうか。

◎ チップの量も段違いに

フランスの南ブルターニュ大学のニコラス・ゲーガンは、ある
カフェでこれを実験的に検証してみました。

カフェにやってきたお客177名に対して、あるお客には伝票
を渡すときに「太陽の絵のイラスト」を描いておき、別のお客の
ときには、ごく普通の伝票を渡したのです。

そして、どれくらいのお客がチップを渡してくれるのかを測定
してみたところ、イラストを描いておいたときには37.7％のお
客がチップをくれたのに、普通の伝票を渡したときには20.7％
でした。

なんと**2倍近くもチップをくれるお客が増えた**のです。ちょっ
としたイラストを追加しただけですよ。すごいですね。

また、チップの金額について
調べると、イラストを描いたと
きのほうが、たくさんもらうこ
とができました。チップを払う
お客が増えただけでなく、金額
も多かったというわけです。

◎ 売上も雰囲気も大きく変わる

いろいろなお店で、購買を促すためにPOPを立てたり、貼り
紙などを使ったりしておりますが、たいていの場合には、「文字
だけ」が書かれています。「○○、50％オフ！」のような感じです。

　けれども、これではあまり効果がないのではないでしょうか。かわいい女の子や子犬、太陽や花のイラストなどを余白にでも描いておけば、もっと効果がありそうな気がします。なぜやらないのでしょうか。商品とは関係ないと思うからでしょうか。

　ともかく、イラストを使うことは非常にいいことです。上司にメモを渡すときだって、文字だけを書くのではなく、自分の似顔絵のようなものを一緒に書いておけば、上司からのウケもよくなるでしょう。ちょっとしたことでも、相手は嬉しく感じるものですから。ささいなサービス精神かもしれませんが、こういうことでも職場の雰囲気はずいぶんよくなるでしょう。

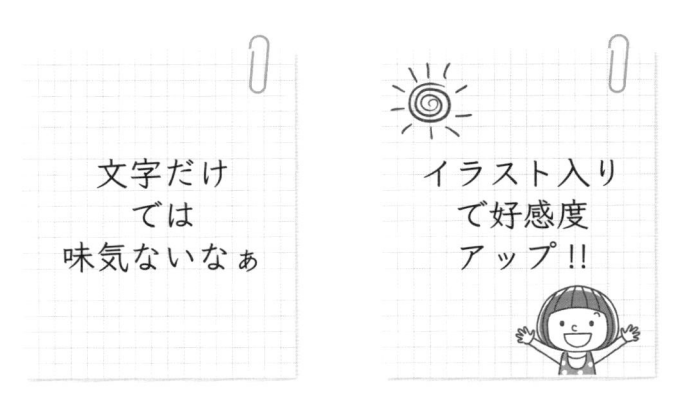

上司へのメモ、POP、伝票、貼り紙、
何でもイラストを添えてみよう

60 会社名を見ただけで 業績が予測できる?

私たちの心理に影響するもののひとつに「名前」があります。名前の発音や響き、与える印象は、その会社や商品が伸びていくかどうかにも影響するのです。

◎ 社名だけで業績が見抜ける理由

心理学者は、「社名だけ」で、その会社の業績をある程度まで予測できます、といったら驚くでしょうか。

経営者の性格、資本金の多寡、創業年数、店舗の立地などなど、そういう情報がまったくなくとも、「社名だけ」を見れば、どれくらいの業績をあげているのかを予測できてしまうのです。

たとえば、「フリンクス」と「ザグスター」という2つの会社があるとしましょう。

心理学者なら、この2つの社名を見た瞬間に、「フリンクス」のほうが業績はいいでしょうし、株価も高いはずだ、ということを見抜いてしまいます。

なぜ、フリンクスのほうが業績は高いとわかるのでしょうか。

その理由は、**人間は、覚えやすく、口にしやすい名前に好感を持ちやすい傾向がある**ことを心理学者が知っているためです。

発音するのが難しかったり、耳に心地よく聞こえない社名に対しては、人はあまり好感を持ちません。無意識のうちに、そうい

う会社を避けようとします。応援をしたいとも思いません。

　だから、その会社がどんな会社なのかなどわからなくとも、「社名の響きが悪い」会社は、そんなに業績もよくないだろうな、と予想できるのです。

　ニューヨーク大学のアダム・オルターは、1990 年から 2004年までのニューヨーク証券取引所とアメリカン証券取引所（現NYSE MKT）で取引された約 1000 の銘柄の株価を調べてみました。

　すると、「ベルデン」のように発音しやすい名前の会社は、「マジャル・ターヴクズレーシ・レースヴェーニュタールシャシャーグ」（ハンガリーの電話会社）のような名前の企業よりも、株価が相対的に高くなることがわかったといいます。

業績を左右しやすい要因

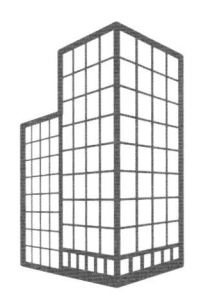

　　× 経営者の性格
　　× 資本金の多寡
　　× 創業年数
　　◎ 社名

・覚えやすい名前
・口にしやすい名前　が好感を持たれやすい

◎ その名前、いい響きですか？

伸びていく会社、業績のいい会社は、耳に心地よく聞こえるような響きのある社名を持っているものです。

これから会社を起業しようという人は、「社名なんて適当につけておけばいいや」ではなく、じっくりと名前を考え、しかもその名前が本当にいい響きを持っているのかを、できるだけたくさんの人に聞いてみたほうがいいと思います。

カッコよくとも、覚えにくい名前だったり、発音しにくい名前だったりすると、人に好感を抱いてもらうことができなくなり、結果として、会社も伸びていきません。

ちなみに、同じことは、**社名だけでなく、商品名にも当てはまります**。なるべく人に好感を持って受け止めてもらえるような名前をつけることは、どんなものでもいえるのです。

商品の中身や機能なども大事ですが、実は、ネーミングのほうがずっと大事なことだったりするのだということを覚えておきましょう。

おわりに

　心理学という学問は、本当に私たちにとって身近な学問だと思います。私自身が心理学者だから、特にそう思うのかもしれませんが、こんなに面白い学問は他にないのではないかと思っています。

　私は、かれこれ20年以上も心理学という学問に携わっていますが、「もう飽きちゃった」ということがありません。常に興味深い論文が発表されつづけており、心理学という学問に魅了されている一人です。

　本書は、そんな私の気持ちを読者のみなさまにも共有していただきたいと思いながら執筆したものです。
　わかりやすく、とっつきやすいテーマを対象にして、心理学という学問に興味を持つきっかけになってほしいな、と思いながら本書を作りました。

　書店に出向くと、「○○心理学」という一般人向けの本はいくらでもありますが、それらの本の多くは、内容があまりにも古かったり、いかがわしかったりするものが多い、というのが私の印象です。

「こういう本ばかり読まされていたら、だれも心理学に見向き
もしなくなるのでは？」という不安もありました。ですから、ぜ
ひ自分で一度、だれにでも読めて面白い心理学の一般書を書いて
みたいと思っていたのです。

　今回、その願いが叶うことになり、大変に喜ばしく思っていま
す。このようなありがたい機会を与えて下さった明日香出版社に
は、心よりお礼を申し上げたいと思います。

　私自身のことでいうと、私は対人心理学と呼ばれる分野を専門
にしています。

　「対人」というのは、多少とっつきにくい用語かもしれませんが、
「人付き合い」という意味です。ですので、対人心理学というのは、
「人付き合いの心理学」ということになります。

　人付き合いにもいろいろな形がありますから、あるときは上司
と部下の関係を分析してみたり、あるときは男性と女性の恋愛関
係を分析してみたり、あるときは親と子どもの関係を分析してみ
たりしています。

　私が、いろいろなジャンルの本を書いているのは、もともと対
人心理学自体が、そういう研究領域だからです。

　もし本書をお読みになって、「この先生の書く本はわかりやす
いな」と思ってくださったなら、ぜひ他の本についても目を通し
ていただければ幸いです。

　最後になりましたが、本書の執筆にあたっては、明日香出版社編集部の田中裕也さんにお世話になりました。この場を借りてお礼を申し上げます。

　もともと本書は、「身近にあふれる○○が3時間でわかる本」というシリーズの一環として企画されたものです。

　昨年『図解　身近にあふれる「科学」が3時間でわかる本』という本がベストセラーになり、同じ体裁でわかりやすく「心理学」でも出版できないか、ということで私に白羽の矢が立ったわけです。

　私を著者に選んでくださいました田中さんには、心より感謝申し上げます。ありがとうございました。

　また最後までお読みくださった読者のみなさまにもお礼を申し上げます。本当にありがとうございます。

　ぜひまたどこかでお目にかかりましょう。

2018年5月
内藤 誼人

参考文献

Ainslie, G. 1975 Specious reward: A behavioral theory of impulsiveness and impulse control. Psychological Bulletin ,82, 463-496.

Alter, A. L., & Oppenheimer, D. M. 2006 Predicting short-term stock fluctuations by using processing fluency. Proceedings of the National Academy of Sciences ,103, 9369-9372.

Andereck, K. L., & Becker, R. H. 1993 Perceptions of carry-over crowding in recreation environments. Leisure Sciences ,15, 25-35.

Bandura, A., & Schunk, D. H. 1981 Cultivating competence, self-efficacy, and intrinsic interest through proximal self-motivation. Journal of Personality and Social Psychology ,41, 586-598.

Baron, R. A. 1997 The sweet smell of…helping: Effects of pleasant ambient fragrance on prosocial behavior in shopping malls. Personality and Social Psychology Bulletin ,23, 498-503.

Bluedorn, A. C., Turban, D. B., & Love, M. S. 1999 The effect of stand-up and sit-down meeting formats on meeting outcomes. Journal of Applied Psychology ,84, 277-285.

Bronfenbrenner, U. 1961 The mirror image in Soviet-American relations: A social psychologist's report. Journal of Social Issues ,17, 45-56.

Bushman, B. J. 2006 Effects of warning and information labels on attraction to television violence in viewers of different ages. Journal of Applied Social Psychology ,36, 2073-2078.

Buss, D. M. 1989 Sex differences in human mate preferences: Evolutionary hypothesis tested in 37 cultures. Behavioural and Brain Sciences ,12, 1-49.

Carton, A. M., & Aiello, J. R. 2009 Control and anticipation of social interruptions: Reduced stress and improved task performance. Journal of Applied Social Psychology ,39, 169-185.

Chernev, A. 2004 Extremeness aversion and attribute-balance effects in choice. Journal of Consumer Research ,31, 249-263.

Croft, G. P., & Walker, A. E. 2001 Are the Monday Blues all in the mind? The role of expectancy in the subjective experience of mood. Journal of Applied Social Psychology ,31, 1133-1145.

Danzer, A., Dale, J. A., & Klions, H. L. 1990 Effect of exposure to humorous stimuli on induced depression. Psychological Reports ,66, 1027-1036.

De Boer, H., Bosker, R. J., & Van der Werf, M. P. C. 2010 Sustainability of teacher expectation bias effects on long-term student performance. Journal of Educational Psychology ,102, 168-179.

DeVoe, S. E., House, J., & Zhong, C. B. 2013 Fast food and financial impatience: A socioecological approach. Journal of Personality and Social Psychology ,105, 476-494.

Ebbesen, E. B., Kjos, G. L., & Konecni, V. J. 1976 Spatial ecology: Its effects of the choice of friends and enemies. Journal of Experimental Social Psychology ,12, 505-518.

Eisenberger, R., & Armeli, S. 1997 Can salient reward increase creative performance without reducing intrinsic creative interest? Journal of Personality and Social Psychology ,72, 652-663.

Evans, G. W., & Wener, R. E. 2007 Crowding and personal space invasion on the train: Please don't make me sit in the middle. Journal of Environmental Psychology ,27, 90-94.

Finkelstein, S. R., & Fishbach, A. 2010 When healthy food makes you hungry. Journal of Consumer Research ,37, 357-367.

Forgas, J. P. 1976 An unobstrusive study of reactions to inhibitor of horn-honking responses. Journal of Social Psychology ,76, 213-218.

Gilovich, T., Medvec, V. H., & Savitsky, K. 2000 The spotlight effect in social judgment: An egocentric bias in estimates of the salience of one's own actions and appearance. Journal of Personality and Social Psychology ,78, 211-222.

Goldstein, N. J., Cialdini, R. B., & Griskevisius, V. 2008 A room with a viewpoint: Using social norms to motivate environmental conservation in hotels. Journal of Consumer Research ,35, 472-482.

Grammer, K. 1992 Variations on a theme: Age dependent mate selection in humans. Behavioral and Brain Sciences ,15, 100-103.

Greenwald, A. G., Spangenberg, E. R., Pratkanis, A. R., & Eskenazi, J. 1991 Double-blind tests of subliminal self-help audiotapes. Psychological Science ,2, 119-122.

Gueguen, N., & Legoherel, P. 2000 Effect of tipping of Barman drawing a Sun on the bottom of customers' checks. Psychological Reports ,87, 223-226.

Hirshleifer, D., & Shumway, T. 2003 Good day sunshine: Stock returns and the weather. Journal of Finance, 58, 1009-1032.

Hill, R. A., & Barton, R. A. 2005 Red enhances human performance in contests. Nature , 435, 293.

Holden, R. T. 1986 The contagiousness of air craft hijacking. American Journal of Sociology ,91, 874-904.

Isaacowitz, D. M. 2005 The gaze of the optimist. Personality and Social Psychology Bulletin ,31, 407-415.

Iyengar, S. S., & Lepper, M. R. 2000 When choice is demotivating: Can one desire too much of a good thing? Journal of Personality and Social Psychology ,79, 995-1006.

Jackson, D., Engstrom, E., & Sommer, E. T. 2007 Think leader, think male and female: Sex vs seating arrangement as leadership cues. Sex Roles ,57, 713-723.

Johnson, E. J., & Goldstein, D. 2003 Policy forum: Do defaults save lives? Science ,302, 1338-1339.

Jones, D. C. 2001 Social comparison and body image: Attractiveness comparisons to models and peers among adolescent girls and boys. Sex Roles ,45, 645-664.

Kachalia, A., Kaufman, S. R., Boothman, R., Anderson, S., Welch, K., Saint, S., & Rogers, M. A. M. 2010 Liability claims and costs before and after implementation of a medical error disclosure program. Annals of Internal Medicine, 153, 213-221.

Kaspar, K., & Krull, J. 2013 Incidental haptic stimulation in the context of flirt behavior. Journal of Nonverbal Behavior ,37, 165-173.

Kitayama, S., & Karasawa, M. 1997 Implicit self-esteem in Japan: Name letters and birthday numbers. Personality and Social Psychology Bulletin ,23, 736-742.

Kuo, F. E., & Sullivan, W. C. 2001 Environment and crime in the inner city: Does vegetation reduce crime? Environment and Behavior ,33, 343-365.

Lally, P., van Jaarsveld, C. H. M., Potts, H. W. W., & Wardle, J. 2010 How are habits formed: Modeling habit formation in the real world. European Journal of Social Psychology ,40, 998-1009.

Latane, B., & Dabbs, J. M. Jr. 1975 Sex, group size and helping in three cities. Sociometry ,38, 180-194.

Legrand, F. D., & Apter, M. J. 2004 Why do people perform thrilling activities? A study based on reversal theory. Psychological Reports , 94, 307-313.

McCann, S. J. H. 2014 Happy twitter tweets are more likely in American States with lower levels of resident neuroticism. Psychological Research ,114, 891-895.

Medvec, V. H., Madey, S. F., & Gilovich, T. 1995 When less is more:

Counterfactual thinking and satisfaction among Olympic medalists. Journal of Personality and Social Psychology ,69, 603-610.

Miller, A. R. 1969 Analysis of the Oedipal complex. Psychological Reports ,24, 781-789.

Nasco, S. A., & Marsh, K. L. 1999 Gaining control through counterfactual thinking. Personality and Social Psychology Bulletin ,25, 556-568.

Neff, L. A., & Broady, E. F. 2011 Stress resilience in early marriage: Can practice make perfect? Journal of Personality and Social Psychology ,101, 1050-1067.

Neuhoff, C. C., & Schaffer, C. 2002 Effects of laughing, smiling, and howling on mood. Psychological Reports ,91, 1079-1080.

Newhagen, J. E., & Reeves, B. 1992 The evening's bad news: Effects of compelling negative television news images on memory. Journal of Communication ,42, 25-41.

Olk, P. M., & Gibbons, D. E. 2010 Dynamics of friendship reciprocity among professional adults. Journal of Applied Social Psychology ,40, 1146-1171.

O'Mara, E. M., McNulty, J. K., & Karney, B. R. 2011 Positively biased appraisals in everyday life: When do they benefit mental health and when do they harm it? Journal of Personality and Social Psychology ,101, 415-432.

Perkins, A. M., & Corr, P. J. 2005 Can worriers be winners? The association between worrying and job performance. Personality and Individual Differences ,38, 25-31.

Pool, M. M., Koolstra, C. M., & Voort, T. H. A. V. 2003 The impact of background radio and television on high school students homework performance. Journal of Communication, 53, 74-87.

Poutvaara, P., & Jordahl, H., & Berggren, N. 2009 Faces of politicians: Babyfacedness predicts inferred competence but not electoral success. Journal of Experimental Social Psychology ,45, 1132-1135.

Proffitt, D., & Clore, G.　2006　Embodied perception and the economy of action.　Perspectives on Psychological Science ,1, 110-122.

Provine, R. R.　1986　Yawning as a stereotyped action pattern and releasing stimulus.　Ethology, 72, 109-122.

Redelmeier, D. A., & Tibshirani, R. J.　1999　Why cars in the next lane seem to go faster.　Nature ,401, 35.

Rodin, J., & Langer, E. J.　1977　Long-term effects of a control-relevant intervention with the institutionalized aged.　Journal of Personality and Social Psychology ,35, 397-402.

Roy, M. M., & Christenfeld, N. J. S.　2004　Do dogs resemble their owners?　Psychological Science ,15, 361-363.

Sanford, K.　2014　A latent change score model of conflict resolution in couples: Are negative behaviors bad, benign, or beneficial?　Journal of Social Personal Relationships ,31, 1068-1088.

Schkade, D. A., & Kahneman, D.　1998　Does living in California make people happy? A focusing illusion in judgments of life satisfaction.　Psychological Science ,9, 340-346.

Segal, M. W.　1974　Alphabet and attraction: An unobtrusive measure of the effect of propinquity in a field setting.　Journal of Personality and Social Psychology ,30, 654-657.

Silvestri, L.　1997　Benefits of physical activity.　Perceptual and Motor Skills ,84, 890.

Sproull, L., & Kiesler, S.　1986　Reducing social context cues: Electronic mail in organizational communication.　Management Science ,32, 1492-1512.

Stafford, L., Merolla, A. J., & Castle, J. D.　2006　When long-distance dating partners become geographically close.　Journal of Social Personal Relationships ,23, 901-919.

Stead, B. A., & Zinkhan, G. M.　1986　Service priority in department stores:

The effects of customer gender and dress. Sex Roles ,15, 601-611.

Todorov, A., Mandisodza, A. N., Goren, A., & Hall, C. C. 2005 Inferences of competence from faces predict election outcomes. Science ,308, 1623-1625.

Wolff, H. G., & Moser, K. 2009 Effects of networking on career success: A longitudinal study. Journal of Applied Psychology ,94, 196-206.

Zajonc, R. B., Adelmann, P. K., Murphy, S.T., & Niedenthal, P. M. 1987 Convergence in the physical appearance of spouses. Motivation and Emotion ,11, 335-346.

206

著者
内藤誼人（ないとう・よしひと）

心理学者。立正大学客員教授。アンギルド代表取締役。慶應義塾大学社会学研究科博士課程修了。

社会心理学の知見をベースに、ビジネスを中心とした実践的分野への応用に力を注ぐ心理学系アクティビスト。

主な著書に、『「人たらし」のブラック交渉術』『ビビらない技法』（大和書房）、『ジョジョの奇妙な冒険が教えてくれる最強の心理戦略』（かんき出版）、『リーダーのための『貞観政要』超入門』（水王舎）などがある。著書は200冊を超える。

図解　身近にあふれる「心理学」が3時間でわかる本

2018年6月26日 初版発行
2024年6月18日 第44刷発行

著 者	内藤誼人
発行者	石野栄一
発 行	명明日香出版社
	〒112-0005 東京都文京区水道2-11-5
	電話 03-5395-7650
	https://www.asuka-g.co.jp
印刷・製本	美研プリンティング株式会社

図解　身近にあふれる「科学」が 3 時間でわかる本

左巻　健男 / 編著

私たちの身の回りには、科学的なしくみで動く製品があふれています。
たとえば、リビングを見渡してみると、液晶テレビ、LED 電球、エアコン、電子レンジなどなど。ふだん気にもしないで使っているアレもコレも、科学でやさしく解説します。

本体価格 1400 円＋税　216 ページ
B6 並製　2017 年 7 月発行
ISBN 978-4-7569-1914-4

図解　身近にあふれる「生き物」が 3 時間でわかる本

左巻　健男 / 編著

私たちの身の回りには、多くの生き物がいます。家の中にはクモやゴキブリ、イヌやネコはもちろん、屋外にはアリやスズメ、カメやハト、クマやマグロといったものまで、とにかく身近にいる生き物のふしぎをひも解きます。知っているようで知らないことが、満載です！

本体価格 1400 円＋税　200 ページ
B6 並製　2018 年 3 月発行
ISBN 978-4-7569-1959-5